U0514357

两性平等与和谐

Gender Equality and Harmony

李庭 著

马克思主义视野下的女性主义研究

Studies on
Feminism
from
the Perspective of
Marxism

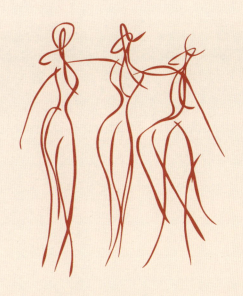

社会科学文献出版社
SOCIAL SCIENCES ACADEMIC PRESS (CHINA)

前　言

　　马克思主义认为，资产阶级的权利平等作为人与人之间外在冰冷的连接，导致人与人之间相互疏离。与此相一致，近现代女性解放以"两性平等"为内容，却反而使性别关系逐渐走向对立。"两性平等"是启蒙运动时期为反对男权社会而提出的"现代性"概念，然而，只有将女性主义研究纳入马克思主义人类解放的视野中，才能真正实现两性和谐。

　　在人类文明漫长的发展历程中，男性长期主导着人类社会的发展进程，而女性则总是处于性别边缘状态。这种不平等的两性关系，使女性的社会地位长期低于男性，处于"第二性"的地位，她们在政治权利、思想意识、性别身份和社会角色等各个方面都依附于男性。从奴隶社会、封建社会到资本主义社会，无论社会形态如何更替，女性都始终未能摆脱"第二性"的身份，且这种身份还存在代际传递的现象。两性之间的不平等是人类社会不平等的一个缩影，女性的觉醒被压制和控制。从马克思主义理论和现实来看，不平等的两性关系不仅是对女性的压抑，也是对男性的异化。

　　近代启蒙运动的勃兴，使女性主义在理论和实践上开始追求两性平等。然而，女权运动却呈现"女性"向"男性"看齐的趋势，以为获得与男性同等的权力、地位等就会实现"两性平等"，这其实是"两性平等"的幻象。更为激进的女权主义者试图以"女权"推翻"男权"、以"性别"取代"人性"，希望通过这种女权自信来获得解放。这不仅割裂了性别的统一性，还将异化的男性群体排除在女性解放的范畴之外。马克思对一个群体的自由以另一个群体的不自由为代价的现象进行了揭露："由于这种共同体是一个阶级反对另一个阶级的联合，因此对于被统治的阶级来说，它不仅是完全虚幻的共同体，而且是新的桎梏。"①

以马克思主义异化理论分析不同时期的女性主义理论与实践，我们发现，在异化的女性主义理论指导下，女性的本质、身体行为、心理等方面均呈现异化状态，这直接导致女性对"两性平等"内涵的理解以及由此进行的女性解放也都是异化的。本书从马克思主义理论出发，以人类解放为视野，研究女性解放的根本目标、基本内容和现实要求，旨在使两性最终实现和谐，即消灭性别差异，实现两性自由全面发展和共同生命理想。

本书共分为四章。绪论阐明研究缘起与意义。基于对当代社会女性问题以及两性之间矛盾冲突的关注，以马克思主义理论为分析女性解放的工具，发现女性解放所呈现的异化态势，并指明女性主义研究必须进行变革。马克思关于人的本质的论述要求将女性解放纳入人类解放中，唯此，女性解放的异化才会被扬弃，才能实现一种真正的人的解放，达到两性之间的真正和谐。马克思主义理论研究与女性主义研究的结合，不仅对马克思主义的理论与实践具有当代意义，同样对两性和谐的复归具有科学的指导作用。

第一章分析两性不平等的产生与演变。以男性为主导的人类社会从根本上否定了女性天然拥有自由平等的权利，并且剥夺了女性在世俗社会中的公民平等权利，女性长期受阶级社会以及父权制社会的双重压迫。直到启蒙运动与法国大革命，人类天然平等权利即"人生而平等"的观念被重新讨论，女权意识才开始觉醒。

第二章指明两性平等的内容与实践。启蒙运动之后，女性开始以世俗中的公民平等权利以及伦理道德意识上的"人生而平等"为出发点，追求自由平等。但总体而言，近代西方资产阶级女性解放本末倒置了，推翻父权制只是女性解放的一部分，资产阶级女性主义者一系列激进的解放运动

---

① 《马克思恩格斯选集》第 1 卷，人民出版社，2012，第 199 页。

以及女权思想宣传呈现片面化发展趋势，解放内容也多为权利解放。两性
关系的历史遗留问题以及女权激进的举措使两性关系矛盾冲突升级，女性
在取得有限胜利的同时，许多新的女性问题开始出现，例如女性贫困化、
女性就业歧视等。

　　第三章运用异化理论对女性解放进行分析。在异化理论视域下，女性
的"类本质"、思想意识以及身体、行为等均被异化，这将直接导致女性
对"两性平等"的认知产生偏差，以异化的意识去定义"两性平等"的
内涵，并以异化的姿态去进行女性解放，这必将是异化的"解放"以及
失败的"解放"。女性对男性异化问题的忽视，对自身个体发展的漠视，
都将导致女性进行的解放是片面性的"解放"。因此，女性解放思维必须
进行变革，而马克思在异化理论中以及关于人的本质的论述中都强调，只
有在共产主义社会中，人类才能实现异化的扬弃，实现最根本的人类解
放。所以，女性解放必须纳入人类解放中，将两性平等解放目标上升至人
类解放的高度。

　　第四章阐明人类解放视野下的两性和谐。马克思主义认为，要实现自
由，就必须扬弃异化劳动，使人的类活动不再受到异己力量的支配，复归
到自由的、有意识的类活动。因此，将女性解放置于人类解放的框架中，
不仅会扬弃人的异化，同时也能够使女性主义片面的权利平等观念复归到
人类解放的视野下，这正是消除性别之间的对立和矛盾，使性别之间从相
互否定走向相互认同，从相互蔑视走向相互欣赏，从相互对立走向相互支
撑的过程。这样，两性之间将拥有共同的生命理想，这就是人类解放视野
下女性解放的最终目标——两性和谐。

　　本书以马克思主义异化理论为分析工具，探讨女性主义及其运动，并
以马克思主义人类解放思想作为扬弃女性解放之异化的根本指导思想，以
实现女性解放、达成两性和谐为最高目标。女性主义研究与马克思主义理
论的结合始于20世纪70年代，并一度成为研究热点。然而，随着资本全球
化进程的加快，主流女权主义选择的斗争目标和策略在一定程度上助推了

资本及政治势力对全球的统治，加剧了世界范围内女性之间的不平等和贫困女性的边缘化等问题，偏离了马克思主义的本质要求。面对现代女性主义面临的困境以及未来发展，我们需要重新关注马克思主义理论与女性主义的结合。马克思主义异化理论和人类解放思想正是我们解决女性主义问题不可或缺的观念和立场。

目　录

绪　论…………………………………………………… 001

第一章　两性不平等的产生与演变………………… 018
　一　两性原初平等状态…………………………… 019
　二　两性不平等的状态…………………………… 023
　三　女权运动兴起………………………………… 033

第二章　两性平等的内容与实践…………………… 045
　一　运动与思潮的结合…………………………… 046
　二　"男女平等"的诉求………………………… 059
　三　"两性差异"的认可………………………… 074
　四　两性对象性解放的实践……………………… 084

第三章　两性平等的异化与变革…………………… 096
　一　异化理论……………………………………… 097
　二　异化理论下的女性现状……………………… 107
　三　女性解放思维方式的变革…………………… 117

第四章　人类解放：两性平等的实现……………… 132
　一　人的解放……………………………………… 133
　二　女性解放……………………………………… 145
　三　两性和谐……………………………………… 154

结　论…………………………………………………… 166

参考文献………………………………………………… 168

绪　论

　　女性解放是启蒙运动以来最热烈的平等诉求，而改善妇女的生存状况，既是女性主义发展的动力，也是时代赋予的使命。女性主义在每一个历史时期的阶段性使命不尽相同，女性解放运动的阶段性解放诉求内容也会随着社会的发展而不断地变化。"两性平等"一直以来都是女性解放的核心内容和最高指向，但这一目标并未真正使女性获得解放，反而可能引导女性解放走向异化。

　　女性解放本应旨在实现两性之间的和谐，但纵观女性解放历史，性别关系却从统一走向了对立，甚至出现了性别冲突。女性主义运动在取得阶段性胜利的同时，也激化了性别之间的矛盾。"两性平等"已经难以在女性解放的同时兼顾两性和谐，且随着当今世界状况的急剧变化，女性在新的环境中面临着各种冲突和难题。例如，职场向女性开放的同时，女性的家务劳动时长和工作量并未得到改善，这导致女性面临职场和家庭的双重压力；性观念的开放和婚姻观念的转变使社会中的单亲妈妈及女户主数量增多，而不完善的社会育儿福利政策和歧视女性的情况则加剧了女性群体内部的贫困化等问题。此外，全球化进程以各种复杂的形式重构了不平等，使包括"性别平等"在内的平等内涵被异化。作为整体处于弱势的女性，其个体之间又存在国家、阶级、种族等方面的差异交叉重叠，这直接影响着两性平等的内容与结果。在现代社会中，女性主义正陷入这样复杂的不平等体系之中。因此，当代的女性主义研究者应当对这种复杂的性别不平等进行科学全面的研究和审视，剥离每一个压迫因素，并对女性主义研究的思维方式进行变革。

以马克思主义异化理论分析女性主义及其运动，我们发现，女性单向度解放、解放内容单一、个体性解放被漠视等问题导致了女性解放走向异化。只有在马克思主义视域下的女性主义研究，才能扬弃异化的"两性平等"及其运动，才能使两性和谐成为现实。

一　研究缘起与意义

20 世纪 80 年代，著名的美国女性主义学者贝蒂·弗里丹（Betty Friedan）在其著作《第二阶段》（*Phase II*）中明确地表达了自己对当时的女性解放的担忧。她表示，女性在政治和经济方面取得的一些平等权利并不能代表女性解放已经取得了胜利，目前的状况只能是"男人每收入 1 美元，女人的收入则不超过 72 美分"①。这是第二波女权运动衰落的写照。女性主义萌芽至今，斗争者们通过请愿、运动、集会等方式，为女性（尤其是在公共领域）赢得了各种权利，女性的社会地位得到了显著提高，并且大众在道德伦理方面，关于男女平等也达成了普遍意义上的共识。但是，女性解放仍然没有获得胜利。社会权利无法全面实现、公共领域对职业女性的歧视、"男尊女卑"封建思想意识的残留、新型女性问题等层出不穷。著名的存在主义女性主义学者波伏娃评价女性的解放运动道："女性的行动从来只不过是象征性的骚动；她们只挣到男人肯让给她们的东西；她们什么也没有夺取到：她们接受。"② 纵观女权运动史，女性及女性解放运动本身存在严重的思维误区与错误的解放思路，表现为女性单向度的权利解放运动。因此，运用马克思的异化劳动理论与马克思关于人的本质的论述分析女性解放运动，我们发现，迄今的女性主义运动表现为异化的女性解放。女性解放运动应当纳入人类解放中，两性平等应纳入人类平等中。女性不

---

① 〔美〕贝蒂·弗里丹：《第二阶段》，小意译，江苏人民出版社，2007，第 1 页。
② 〔法〕西蒙娜·德·波伏娃：《第二性》合卷 I，郑克鲁译，上海译文出版社，2011，第 12 页。

仅要实现女性群体解放，同时性别之间也应从现在的对立、矛盾和冲突复归到和谐。

（一）研究缘起

母权制让渡于父权制，奠定了女性"第二性"的基础，第一次社会大分工的出现加剧了女性苦难的生存境遇。"这样确立的男子独裁的第一个结果，表现在这时发生的家长制家庭这一中间形式上。这一形式的主要特点不是多妻制，而是若干数目的自由人和非自由人在家长的父权之下组成一个家庭。"[1] 在男性家长制度中，女性作为家庭成员，实际上是一种处于奴隶状态的存在。"Familia 这个词，起初并不表示现代庸人的那种由脉脉温情同家庭龃龉组合起来的理想；在罗马人那里，它起初甚至不是指夫妻及其子女，而只是指奴隶。Famulus 的意思是一个家庭奴隶，而 familia 则是指属于一个人的全体奴隶。"[2] 男性的权威起初在男性家长制的家庭中逐渐树立起来，后逐渐地扩张到社会领域，从而形成了男权社会。男权社会对女性的压制不仅体现在身体上，而且还体现在精神上，女性作为独立个体的人的意识被逐渐摧毁，女性的性别身份被贬低，女性在政治、经济、文化、教育等各个方面应有的权利被剥夺，尤其是经济上的失势使女性只能依附于男性。随着启蒙运动的兴起，女性开始结合自身的处境和遭遇进行反抗，女性意识逐渐觉醒，女性主义运动随之兴起。女性开始怀疑和否定男权话语对女性的定义，开始关注自身，试图分析女性处于不利地位的原因并进行反抗。女权运动的进行以及女权思潮的兴起都是在追求女性的自由平等权利，即作为自由人应有的权利。越来越多的运动家以及学者开始为女性的处境发声，期望帮助女性早日实现解放。本书选择以马克思主义理论作为分析女性解放的工具，其最高指向就是希望女性群体实现自由平等，两性之间实现互解与和谐。

[1] 《马克思恩格斯选集》第 4 卷，人民出版社，2012，第 66 页。
[2] 《马克思恩格斯文集》第 4 卷，人民出版社，2009，第 69 页。

两性之间关系的转变过程贯穿整个两性平等史以及女性解放运动史。本书基于对历史的分析，尤其是对近现代女性解放运动史的分析发现，女性解放已经偏离了轨道。激进的解放手段、狭隘的解放思想，以自身经验片面地赋予两性平等内涵，使看似声势浩大的女性解放运动释放了很多负面影响。这不仅使女性解放陷入被动局面，也无法引领女性实现最终的解放。贝蒂·弗里丹将这样的情况描述为："表面上我们可能接近平等，但是仍然有差距，特别是顶层的差距。而这种差距并不是仅仅提出些我们进入第一阶段时的男女比较问题就可以弥补得了的。"① 她表示，现代社会中所谓的"第三阶段"女性解放是荒谬的，事实上，我们连第二阶段都没有抵达。对女性解放过程中出现的问题进行梳理可知，这主要表现在以下几个方面。第一，"两性平等"这一女性主义运动第一阶段所提出的目标，只能帮助女性获得阶段性的胜利和一定程度上的解放。而面对当今复杂的社会情况，"两性平等"目标显然不能继续"胜任"女性解放事业。第二，在女性解放的运动中，一些女权主义者以自身的经验去曲解"两性平等"，使这一解放过程出现了一些激进的举动和想法，遭到了男性甚至一些女性的抗议。这不仅会造成性别之间对立、矛盾和冲突的升级，也不利于女性解放运动的健康发展。第三，女性在反抗男权过程中，复杂的不平等因素以及历史遗留问题使女性主义及其运动陷入异化。女性过度关注两性之间权利的平等，忽视女性自身个性的解放，导致女性在现代化进程中出现了很多新型问题，例如，"物化女性""消费女性""贫困女性化"等。第四，女性主义运动和思潮都在追求两性平等，而两性之间的平等又可以细分为权利的平等和实质的平等。实质平等是实现权利平等的基础，而目前女性主义及其运动主要以权利平等为主，忽视了价值内涵的解放，虽然女性在公众领域内与男性的差距越来越小，但是依然被"男强女弱""男尊女卑"的价值观念困扰。第五，女性以男性为目标进行自身的解放，不仅忽视了女性个体发展的需要，而且依然摆脱不了"男中心、女边缘"的第二性地

---

① 〔美〕贝蒂·弗里丹：《第二阶段》，小意译，江苏人民出版社，2007，第1页。

位。在男权社会中，女性的地位是从属的、边缘的、第二性的，男性则是中心的、主体的。因此，女性解放的标志之一是消除性别之间的阶级划分和特权，性别的两方都不应占据中心地位，或者成为"边缘者"。以上种种现象都表明，当前的女性解放是异化的解放，并且女性主义解放的未来道阻且长，女性主义的思路需要变革。从"两性平等"到"两性和谐"目标的转变，是基于目前异化的女性解放问题所提出的，马克思主义指导下的女性解放不仅扬弃了女性解放过程中的异化问题，同时还将兼顾女性个体解放的需要，解放性别关系中同样被异化的男性，使两性达到和谐状态。

马克思关于人的本质的论述，要求必须将女性解放纳入人类解放中，将两性平等置于人类平等的框架内。马克思主义从三个方面对人的本质进行界定。首先，从人与动物相区别的角度界定，认为劳动是人的本质属性；其次，从人与人的关系角度界定，认为人是一切社会关系的总和；最后，从人自身发展的角度界定，认为人的自身需求就是人的本质。自由自觉的劳动实践、全面性的社会交往关系以及女性自身个体性的发展都是现代女性解放所应涵盖的内容，并且女性的人的本质复归是女性解放最基础也是最关键的因素。

通过将女性解放的正义性、女性解放过程中的异化问题以及如何指导女性实现真正的解放这三个方面作为思维逻辑，目前女性解放所遇到的危机得以充分展现。对此，我们迫切地需要进行变革，抛弃以往狭隘的思维方式，以更宏大、更宽广的思维范式，运用马克思主义科学的发展理念来解决现实世界中遭遇的问题。

（二）研究意义

运用马克思主义理论分析、解惑女性解放，既是对女性解放事业乃至人类解放事业的关注，又是对马克思主义理论的科学应用。

著名哲学家皮埃尔·勒鲁认为："一个真正的社会，一个真正人道的社会应该是人人获得自由的博爱社会。""人类精神统治着现实社会，并把平等作为社会的准则和理想。"① 但是，他同时也承认："平等事实上并不存在；但好在原则已经宣布，并为人们所公认。"② 对于男权世界下的女性来说，情况远比这要糟糕。虽然，自由和平等（尤其是在法国大革命以及启蒙运动后）早已成为一种社会公认的原则，皮埃尔形容这种原则是存在于世俗社会法律之前的一种原则，现代社会倡导"人生而平等"，"凡是不愿看见人类平等原则的人，至少应当承认存在着一种公民平等原则。我理解的公民平等是公民在刑法、政法、民法各个方面的平等"③。然而，千百年来女性的处境是，女性既不被纳入人类平等原则，又不被纳入公民平等原则。这是一个奇怪的现象，女性既似奴隶，又不同于奴隶；既具有人类特征，又不被看作具有人类特质（相对于男性而言）。所以，女性被排除在任何自由平等革命之外④，女性拥有同其他受到压迫和奴役阶级同样的遭遇和性质，可是却不与任何这样的阶级拥有共同的利益。波伏娃也认为："她们没有一个具体的方法汇聚成一个整体，这个整体只可能在对抗中自我确立。""她们分散地生活在男人中间，通过居所、工作经济利益、社会条件和某些男人——父亲或丈夫——联结起来，比和其他女人联结得更为紧密。"⑤ 两性之间特殊的生理关系决定性别的同一性和不可分割性，在男权社会中，男性将女性圈禁在家庭内部，使女性孤立地存在于世界中。女性在性别关系中的位置和女性的遭遇，使女性解放并不能像其他阶级那样通过暴力对抗的方式而获得，但是，女性作为人的本质存在又要求女性不仅要实现人类平等原则，也要实现公民平等原则。女性需要获得的解放是性

---

① 〔法〕皮埃尔·勒鲁：《论平等》，王允道译，商务印书馆，2012，第14~15页。
② 〔法〕皮埃尔·勒鲁：《论平等》，王允道译，商务印书馆，2012，第28页。
③ 〔法〕皮埃尔·勒鲁：《论平等》，王允道译，商务印书馆，2012，第27页。
④ 在法国大革命中，女性作为革命群体以为推翻封建阶级的统治就能获得自由平等的新秩序，然而事实是，女性的一切情况均未发生本质上的改变，女性群体在革命后的彻底失败使女性看清，自身的遭遇来自男性的歧视和压迫，男权社会是压迫她们的根源，这也成为世俗女权运动开始的导火索。
⑤ 〔法〕西蒙娜·德·波伏娃：《第二性》合卷Ⅰ，郑克鲁译，上海译文出版社，2011，第12页。

别之间的平等与和谐，"妇女应该在男子的帮助下和男子一道站起来，而男人也应该在妇女的帮助下和妇女一道站起来，而绝不要把两性之间的共同事业分割和区别开来"①。女性解放并非以一种阶级推翻或消灭另一种阶级的姿态去压抑男权、建立女权，同样，男性也应正视历史与错误，积极扬弃自身异化的思想与行为，与女性一起复归至两性和谐。从这一角度来看，实现正确积极的女性解放既是对女性自由平等的复归，又是实现两性和谐的有效方法，本书通过论证女性本该拥有的自然权利和公民平等权利，确定了女性解放的正义性——女性解放运动是复归人类平等、实现两性和谐的必然要求。引导女性解放走上正确的道路，拓宽女性主义研究思路，将"两性平等"目标提升至"人类解放"的高度，才是女性解放正确的最高指向。

女性主义与马克思主义相结合的研究（如马克思主义女性主义研究）并非新鲜尝试，但以马克思主义异化理论批判女性主义及其运动，以马克思的人类解放思想扬弃女性解放中的异化问题，无论是在马克思主义的现实应用上，还是在女性解放研究方向上，都是先进且科学的尝试。马克思主义认为，在异化状态下，人的本质也是异化的，扬弃异化的前提是实现人类解放。人的解放包含三个层面：自然解放、社会解放和思维方式解放。这三个层面恰好对应了女性主义及其运动所导致的异化问题，因此，马克思关于人的本质的论述，必然要求将女性解放置于人类解放中。

二　国内外文献研究综述

当今，对性别问题以及女性主义的研究已经逐渐形成学科性质，国内外很多高校成立了专门的学科、学院以及研究中心。女性主义研究的方向日益多元化，例如历史学方向、人类学方向、文学方向、哲学方向、心理

---

① 〔法〕皮埃尔·勒鲁：《论平等》，王允道译，商务印书馆，2012，第49页。

学方向、政治经济学方向等。以马克思主义理论作为研究女性主义的工具
并不是全新的尝试，早在 20 世纪六七十年代，西方女性主义研究者们就开
始运用马克思的各种理论思想批判两性不平等现象，并就未来的女性解放
提出科学的建议。对比国内外女性主义研究现状，我们发现，我国的女性
主义研究与国外存在显著差别，同时也存在一定差距。

1. 国内研究综述

我国女性主义和女权运动研究与西方相比，有着显著差别，这种差别
既包含差异，也包含差距。我国女性主义历史具有历时短、研究分散、女
性解放效果显著等特点，并且我国女性主义运动与革命事业保持紧密的联
系。我国女性主义运动与国情紧密相连，而中国的近代史又是风云变幻的
历史，处于剧烈的社会变革和革命情景之中，这使我国的女性主义研究有
着显著的时代性特点。在每一个历史阶段，女性的生存状况都是我国女性
主义研究的重点内容。另外，我国女性主义学者也曾尝试将马克思理论与
女性主义研究相结合，但从研究范式的先进性和专业性来说，相比西方女
性主义研究还存在一定差距。

（1）清末民初的女权思想研究。我国女性主义研究学者普遍认为，晚
清时期女性生存状况的变化与思想意识的启蒙对我国女性主义事业有着深
远的影响。因此，晚清女性群体的生存状态以及其与近代中国的相互关系
成为近代女性主义学者的研究对象。其中，具有代表性的研究成果有：夏
晓虹所著的《晚清女性与近代中国》《晚清文人妇女观》《晚清两份女学报
的前世今生》；曼素恩所著的《张门才女》；鲍震培所著的《晚清女作家弹
词与近代女权思潮》；房琴所著的《女性文集：盛清时期海宁文人的身份认
同与地方认同》；王士伦所著的《秋瑾出生年代》；等等。其中，比较具有
代表性的学者为夏晓虹、曼素恩。夏晓虹的代表著作《晚清女性与近代中
国》"借助于近代新兴的报刊媒体，而获得了更实在的印证"[1]，有了对晚清
社会现实的重新认识。选择通过女性研究来新认识晚清社会的现状，是因

---

① 夏晓虹:《晚清女性与近代中国》，北京大学出版社，2014，第 2 页。

为作者认为"女子在社会现实中的处境远较男子复杂，遭遇的困扰也远较男性繁多"①。也就是说，身处晚清，男子涉及的社会问题，女性无一能摆脱，并且女性有更多必须独自面对的难题。该书选择了 10 个个案，整合成"女性社会""女性典范""女性之死"三个部分，通过个案描述反映晚清时期女性从生活形态到思想意识的转变。夏晓虹的另一部著作《晚清文人妇女观》同样选择从个案研究角度进行女性研究。作者选择对晚清妇女生活中的新因素进行描写，为大家展示了一个不一样的晚清女性生存状况。其中，"不缠足""女学堂""女报""婚姻自由"等新的生活因素不断地冲击和改变晚清时期女性的生活状态和思想意识。另外，书中对蔡元培、金天翮、秋瑾等女性运动先驱的思想和运动历史进行了描述。曼素恩（Susan L. Mann）是加州大学历史学系教授，同时也是著名的汉学家，多年来从事中国明清史、妇女史和性别史的研究。其在著作《张门才女》中借助对常州张氏一门"才女"的研究，从女性视角审视战争、叛乱、外敌入侵等大事件的阴影笼罩下的中国历史。文章通过对张门三代才女的作品、地方志以及相关回忆文章进行解析，利用合理想象，勾勒出了从封建帝制向共和转变过程中的性别关系。第一代才女汤瑶卿开蒙时所学习的内容为《三字经》《论语》，父亲将其阅读范围扩大至四书五经，并且"他也和瑶卿一同读《诗经》中的'二南'"，父亲认为这部经典对妇德阐释得最好。② 第三代才女张緁英和王采苹刊发的诗作证明，晚清时期女性思想逐渐开放，并且社会中对女性尤其是才女的认可度和包容度也在逐渐地上升。

整个晚清时期的女性研究对研究我国女性主义史有着重要的作用，填补了我国女性主义启蒙历史的空白，多元化地呈现了晚清女性生存境遇的变迁以及思想的逐渐解放。但是，这一部分女性研究历史侧重"历史研究"，缺乏"主义"研究，这造成了我国女性主义研究缺乏理论的特质。

（2）革命情境下的女性主义研究。我国的女性解放运动与民族解放运

① 夏晓虹：《晚清女性与近代中国》，北京大学出版社，2014，第 4 页。
② 〔美〕曼素恩：《张门才女》，罗晓翔译，北京大学出版社，2015，第 11 页。

动紧密相连，在革命情境下进行的妇女解放运动模式具有鲜明的中国特色。因此，对党史、国史中女性解放政策的研究以及革命情境下女性解放运动的整理也是我国女性主义研究的重要组成部分。其中，代表性的著作有中华全国妇女联合会妇女运动历史研究室编撰的《中国妇女运动历史资料》（1921～1927）、中共天津市委党史资料征集委员会与天津市妇女联合会联合整理出版的《邓颖超与天津早期妇女运动》、中国妇女出版社与中华全国妇女联合会联合出版的《"四大"以来妇女运动文选》（1971～1983）、周蕾与刘宁元合著的《抗战时期中国妇女运动研究（1931～1945）》、张莲波编著的《辛亥革命时期的妇女社团》、李兰萍编著的《辛亥革命与广东妇女》等。同时，也有多数优秀的期刊文章对此方面进行研究著述，例如王建华的《权利抑或责任——革命情境下妇女解放的行动逻辑》、姜海龙的《"革命者形象"下的女权主义者郭隆真》、李木兰的《战争对现代中国妇女参政运动的影响："危机女性的问题"》、王向贤的《彰显与隐约——共产国际对中国早期妇女政策的影响》、韩启澜的《跨越性别分界："文革"时期的铁姑娘形象与知青》等。在上述著作中，《中国妇女运动历史资料》（1921～1927）具有典型性和代表性，该书以时间为轴线，以历史资料为主要内容，力求反映在中国共产党领导和影响下的真实的中国妇女运动，例如，该书摘录了中国共产党第二次全国代表大会审议通过的《关于妇女运动的决议》，该决议明确了中国共产党对妇女解放的态度："中国共产党认为妇女解放是要伴着劳动解放进行的，只有无产阶级获得了政权，妇女们才能获得真正的解放。"① 在一系列期刊文章中，王建华的《权利抑或责任——革命情境下妇女解放的行动逻辑》较有典型性、代表性，其结合史料对革命情境下的妇女解放行动逻辑进行了较为透彻的分析，认为"共产革命情境下的妇女解放既是目标也是手段，强调的是解放妇女投身革命"②。但是，王建华认为，个体权益的觉醒不必然会转化为革命动力。

---

① 转引自中华全国妇女联合会妇女运动历史研究室编《中国妇女运动历史资料》（1921～1927），人民出版社，1986，第30页。
② 王建华：《权利抑或责任——革命情境下妇女解放的行动逻辑》，《江海学刊》2017年第4期。

对革命情景下的女性解放运动以及女性生存状况的研究，是我国女性主义研究的重要组成部分。因为，历史上我国的女性解放运动在绝大多数情况下是在中国共产党领导下进行的，并且一直延续至今。虽然这一部分的研究以史料为基础，具有全面性和真实性的特点，但是研究方法过于单一，并且缺乏对比性，与现实大众生活的联系不够紧密，在很多方面存在研究空白。此部分研究更加注重"历史性"，独到的见解和研究的高度仍有所欠缺。

在我国女性主义研究中，具有学术性和主义性色彩的女性主义研究学者的典型代表人物要数李银河、李小江两位。在某种程度上，她们是正统的现代女性主义研究学者，她们以社会学、哲学等的学术思维来研究中国女性主义问题。李银河是中国第一位研究型的女性社会学家、自由主义女性主义学者，其代表著作有：独著《妇女：漫长的革命》《中国女性的性与爱》《女性权利的崛起》《女性主义》，合著《转型社会中的中国妇女》《中国婚姻家庭及其变迁》《婚姻法修改论争》等。在《我的社会观察》一书中，李银河从性别、爱情、性倾向、性别观念等研究视角表达自己对女权、男女平等、同性恋等问题的看法，其大胆、前卫的研究风格为我国女性主义研究开辟了先河。李小江的代表著作有：《主流与边缘》《妇女研究丛书》《性别与中国》等。在其代表著作《主流与边缘》中，李小江从"后现代主义"的文学角度，重构"女性边缘文化"，重新定义"边缘"，指出对"边缘"文化的肯定即对"主流"文化的消解。

李银河、李小江等女性主义者的研究更加强调学术化、理论化，这扭转了我国女性主义研究缺乏"主义"和"理论"的状况，填补了我国在女性主义研究上的多方理论空白。但是，其著作和理论思想受西方女性主义理论和流派思想影响较大，例如，李银河的自由主义女性主义思想就深受西方自由主义女性主义流派影响，从而具有一定的理论和视野局限。另外，我国女性主义研究普遍不够深入，对现实问题的批判不够彻底，与西方的女性主义运动和研究相比，更显温和，而批判性不足。同时，我国女性主义理论研究缺乏对经典哲学观念的运用，例如西方自由主义女性主义借鉴了自由主义哲学观念，存在主义女性主义借鉴了存在主义哲学观念，马克思主义女性主义借鉴了马克思分工理论和关于家务劳动的重要论述的哲学观念。反观之，我国女性主义研究尚未形成明确的主义与流派。

（3）我国女性主义研究与马克思主义研究的结合。改革开放以来，我国女性主义研究不断与马克思主义研究相结合。党的十八大以来，以习近平同志为核心的党中央全面加强对妇女工作的领导，推进妇联改革，不断健全妇女权益保障法治体系，持续优化妇女发展环境，推动妇女事业取得历史性成就。我国马克思主义妇女观的研究成果相对丰富，如李静之、张心绪合著的《马克思主义妇女观》、李小江所著的《马克思主义妇女理论的历史——逻辑范畴》、姜秀花所著的《马克思主义妇女观在我国的早期传播及其中国化》、陈长畅所著的《马克思主义妇女观与妇女解放》等。我国马克思主义女性主义研究主要侧重于马克思主义中国化的问题研究，缺少对现实女性主义的把握，也缺少马克思人类解放思想与女性解放理论的结合，这方面研究的空白是笔者进行学术研究的动力。

2. 国外研究综述

国外女性主义研究是随着女性解放运动产生而产生的，所以学界所说的西方女性主义研究可以涵盖国外女性主义研究，或者说国外女性主义研究的主体部分即西方女性主义研究。西方的女性解放运动较国内而言更为激烈和彻底，并且一直延续至今。随着运动而产生的女性主义在不同的历史时期具有不同的历史使命，围绕女性主义的学术争论不休，形成了各种女性主义流派，不同流派之间的观念是矛盾甚至是冲突的。以下将列举国外主要的女性主义研究流派的主要学者及其著作，同时，流派的思想会随着时间的推移而发展，所以将各个流派思想的发展汇总到一起就是全面的国外研究综述。

（1）自由主义女性主义流派是西方女性主义研究的鼻祖。自由主义是一种政治思潮流派，自由主义女性主义是从中发展出来的。发展至今，其自身在不断地更新和解构，以至于女性主义研究学者苏珊·温德尔（Susan Wendell）认为："自由主义在很大程度上已经发展成熟，以至于脱离了它原有的基础。"① 18世纪自由主义女性主义的主要代表人物和著作有玛丽·沃尔斯通克拉夫特（Mary Wollstonecraft）及其著作《女权辩护》（A Vindication of the Rights of Woman）。作者通篇详细地描绘了富裕是如何使18世纪已婚的资产阶级妇女成为受害者的，她将这些养尊处优的妇女形容为"装饰羽毛一族"。她说："这些妇女像鸟儿一样被限制在笼子里生活，除了整理自己的羽毛，除了装腔作势地在栖身之处高视阔步，就没有什么事好干。"② 玛丽·沃尔斯通克拉夫特的《女权辩护》尽管没有使用诸如"社会构建的性别角色"等类的术语，但是其为女性的社会地位发声，倡导女性应获得平等的教育权利以获得同男性一样的"理性"，她要求女性成为自主的、能自己做决定的人。时至今日，再去回顾这部经典著作，其中的一些思想和观念难免显得过时，但是，其在女性主义文学上的地位仍然举足轻重。19世纪，著名的女性主义学者约翰·斯图尔特·穆勒（John Stuart Mill）和哈丽特·泰勒（Harriet Taylor）也加入了颂扬理性的先驱行列，他们认为，社会要达到性别平等，除了赋予女性受教育的权利，还必须给予妇女同等的政治权利和经济权利。约翰·斯图尔特·穆勒在其著作《妇女的屈从地位》中试图建立这样一个观点：如果人们认识到妇女同男人一样拥有充分的理性，值得享有同样的公民自由和经济机会，社会也将会因此大为获益，它将会得到具有公共精神的公民，即在思想上激发和启迪丈夫的配偶、更好地为人性服务的双倍的"智力资源"以及无数非常幸福的女人。③ 但是，穆勒的妇女观点并不是为全体女性而写的，而是为特定阶层的已婚妇女而写的，这里在很大程度上依然是指白人中产阶级女性。20世纪的自由主义女性主义思想又发生了新的变化。贝蒂·弗里丹被认为是当代最伟大的女性

---

① Susan Wendell, *A (Qualified) Defense of Liberal Feminism* (Hypatia: No. 2, Summer, 1987), p. 65.
② Mary Wollstonecraft, *A Vindication of the Rights of Woman* (Carol·H·Poston: New York W. W. Norton, 1975), p. 56.
③ John Stuart Mill, "The Subjection of Women", *Dover Thrift Editions*, 2019, p. 221.

主义作家和运动家，其著作《女性的奥秘》和《第二阶段》等在女性主义文坛当中同样被奉为经典。她在《女性的奥秘》一书中力图说服当代的女性主义者们逃离自认为的女性主义第一阶段，向第二阶段迈进，并且作者同时也注意到了第一阶段的女性主义目标会使女性被迫地和男性一同工作，以逃离这种过分的女性主义——"否认妇女人格的核心，即通过爱、抚育、和家庭来实现自我"，和另一种过分的女性主义——"仅仅是根据她们与男人的关系，在她们作为妻子、母亲和持家者的意义上来界定妇女"①。不同于《女性的奥秘》，贝蒂·弗里丹在另一部著作《第二阶段》中展现了相反的观点。在《女性的奥秘》中，作者认为妇女得到解放的真谛就是将自我等同于男性，而在《第二阶段》中，作者认为只有社会像重视"男性气质"一样重视"女性气质"，妇女才能和男人平等。

　　自由主义女性主义存在一定的局限性。一是自由主义女性主义代表的受众群体具有局限性，它忽略了不同阶层、不同地区女性面临的不同的女性问题，而仅根据自身经验理解整个女性解放内涵，忽略了其他阶层女性的利益。二是自由主义女性主义的诉求有三个漏洞：第一，断言女性可以做到和男性一样，只要她们愿意；第二，断言大多数妇女愿意像男人一样；第三，断言女性应该愿意像男人一样，追求男性价值。

　　激进女性主义的诞生在某种程度上弥补了自由主义女性主义的局限性。自由主义女性主义主张通过"制度"改良社会中男女不平等的问题，提高女性的社会地位以实现男女平等。激进女性主义认为，女性受压迫的根本原因是性以及社会性别制度。主要代表人物和著作有米利特（Millett）及其著作《性的政治》（*Sexual Politics*）、舒拉米斯·费尔斯通（Shulamith Firestone）及其著作《性的辩证法》（*Dialectic of Sex*）、玛丽琳·弗伦奇（Marilyn French）及其著作《超越权力》（*Beyond Power*）、玛丽·戴利（Mary Daly）及其著作《妇科/生态学》（*Gyn/Ecology*）等。米利特的《性的政治》最能代表激进女性主义的观点，即妇女受压迫的根源深深地潜伏于父权制的

---

① Betty Friedan, *The Feminine Mystique*(New York: Dell, 1974), p. 27.

性/社会性别制度中。在《性的政治》一书中，作者指出："性是政治"是因为"社会等级制度取代了所有其他不平等——种族、政治或经济不平等的形式，除非最终抛弃这种恶习，不再把男性最高权威看作与生俱来的权力；否则，所有的压迫制度都还将继续发挥作用，这仅仅只是因为在最初人类处境中她们得到的逻辑上和情感上的规定"①。激进的女权主义者们同时在生育观念、人类本性等方面对男性进行攻击，对女性进行颂扬。在当时的世俗社会中，她们的一些言论和运动使这支女性主义流派表现得尤为激进，抛去其观念的科学性和逻辑性不谈，其激进的解放态度使两性之间的性别二元对立达到了新的高度，这也为女性解放事业增添了新的问题和阻碍。

存在主义女性主义在女性主义流派中占据十分重要的位置，很大程度上是因为波伏娃（Simone de Beauvoir）及其著作《第二性》（The Second Sex）。《第二性》发表后的短短几十年内，就取得了女性主义思想经典的地位，研究女性主义思潮始终绕不过这部经典巨作。波伏娃的存在主义女性主义思想深受让·保罗·萨特（Jean-Paul Sartre）的存在主义影响，所以在《第二性》著作中确实保留了存在主义的内容。波伏娃采用了存在主义的本体论和伦理学语言，指出：男人将"男人"（man）命名为自我，而把"女人"命名为他者（other）。男人作为主体地位要对处于客体地位的他者进行打压，以保持自我的主体地位。波伏娃对妇女受到压迫的种种特征作了描述，并且为自己的观点进行陈述分析，即女性是如何成为他者的。显然，在她看来，女性成为他者是由多方面因素构成的。波伏娃从"生物学的论据""精神分析学的妇女观""历史唯物主义的妇女观"三个方面，论述了女性是如何同男性区分开来，而男性又是如何较先地确立自我的主体地位，进而女性又是如何内化自我为他者的这样一个异化事实。另外，波伏娃推测男人将女人贬低到他者范围，这里或许还有另一更基本的原因在于，一旦男人声称自己是"主体和自由的存在，他者的概念（就产生了）"②——尤其

①　Kate Millett, *Sexual Politics* (Garden City, N. Y. : Doubleday, 1970), p. 25.
②　〔法〕西蒙娜·德·波伏娃：《第二性》合卷 I，陶铁柱译，中国书籍出版社，1998，第72页。

是女性作为他者的概念就产生了，所以她声称"女人不是天生的，而是后天形成的"①。在书的最后，波伏娃同样给出了女性解放的建议：第一，妇女可以去工作；第二，妇女可以成为知识分子，即改变妇女命运的先锋者；第三，妇女可以为推动社会转向社会主义而努力；第四，为了超越自我限制，女人可以拒绝内化自身的"他者"性，拒绝通过统治阶级的群体目标来认同自我。

《第二性》一经问世立即成为女性主义之经典，但同时也遭受了其他女性主义学者的批判。其中，琼·贝思克·埃尔西坦（Jean Bethke Elshtain）对《第二性》提出了批判。她认为，波伏娃的《第二性》对大多数妇女来说不易理解。"内在""本质""超越"等都是抽象概念。吉维纳夫·劳埃德（Genevieve Lloyd）在《理性的人》中从哲学的角度指出，波伏娃的某些哲学范畴与女性主义的基本需要是相冲突的，因为超越从定义上来说是男性的理想，把超越理想作为解放的理想来接受，无疑是置女性主义于悖论中。②

马克思主义女性主义直接师承马克思和恩格斯，她们倾向于认同妇女受压迫是由于阶级歧视而不是性别歧视。马克思主义女性主义学者们运用马克思的某些概念和理论作为自身女性主义理论的内涵，其中包括马克思主义人性概念、马克思主义经济理论、马克思主义社会理论、马克思主义的政治理论等。南希·霍尔斯特姆（Nancy Holmstrom）在《关于妇女本性的马克思主义理论》（*A Marxist Theory of Women's Nature*）中认为，要理解为什么妇女在某些方面受到压迫而男人却不受压迫，需要分析妇女工作的地位与妇女自我形象之间的联系。③ 从马克思的经济学理论出发进行分析，马克思主义女性主义学者认为，妇女的工作内容塑造了女性的思想，从而也

---

① 〔法〕西蒙娜·德·波伏娃：《第二性》合卷 I，陶铁柱译，中国书籍出版社，1998，第 9 页。

② Lloyd, Genevieve, *The Man of Reason: "Male" and "Female" in Western Philosophy* (University of Minnesota Press, 1984).

③ Nancy Holmstrom, *A Marxist Theory of Women's Nature* (*Ethics* 94, No. 1April, 1984), p. 464.

塑造了"女性的本性"（female nature）。从马克思的社会理论分析，马克思主义女性主义学者认为，资本主义社会的人际关系呈现异化的本质，即"当个体与他人彼此分离时，他或她只能感受到自我的存在"①。在这种状态下女性的处境要比男性更为不利。因为，男性能够分别在家庭和社会生活领域生存，在工业生产中，男性的异化可以通过与女性的关系来缓解，而女性的异化却无法缓解，因为女性的领域主要在家庭内部。在《公共的男人/私己的女人》（Public Man/Private Woman）一书中，琼·贝思克·埃尔西坦批评了马克思主义女性主义关于资本主义制度下家庭的看法。在她看来，家庭并不仅仅最终是一个弗兰肯斯坦式的创造——由资本主义制度构建出来、以牺牲女性为代价来进行劳动力再生产的工具。相反，家庭是人类尚能得到一些爱、安全和舒适的唯一处所，是人类还可以基于别的而不是金钱要素来决定的唯一地方。② 她认为，国家极权趋于排斥任何多样性，而家庭体制能为人们提供更好的保护，使其免受国家的迫害。假如所有个体都被灌输同样的价值观，那么个体性的特质将很难得到发挥。

　　由于马克思主义理论内容具有广泛性，女性主义学者几乎可以运用马克思主义理论中的任何一部分来指导女性解放。但是，马克思主义女性主义者在女性解放与人类解放的关系这方面的研究还不够深入。另外，其过于关注女性生活的某一方面，例如家务运动，这会导致马克思主义女性主义研究很难涵盖女性的共性问题以及更多的女性群体，这也是马克思主义女性主义研究的不足之处。

---

① Ann Foreman, *Femininity as Alienation: Women and the Family in Marxism and Psychoanalysis* (London: Pluto Press, 1977), p. 65.

② 自相矛盾的是，埃尔西坦（Elshtain）正是在马克思主义女性主义者席拉·卢伯山姆（Sheila Rowbotham）的著作那里发现了这些感受。参见 Elshtain, *Women's Comsciousness, Man's world* (Baltimore：Md. Penguine Books, 1973)。

第一章　两性不平等的产生与演变

　　人原是平等的，所有人都有获得自由的权利。然而，我们所处的世界
到处都有不平等的现实情况，不平等统治着地球的各个角落。我们也可以
上溯到历史上的某个时期，从中找到不平等现象，而消灭这种现象的那一
天也许还非常遥远，但是这并不能成为反驳人天性平等的事实。"人类的思
想已经超越不平等所带来的贫困和罪恶的堕落，并设想出一个建立在平等
基础上的社会。然后，像寄托于真和美的永恒源泉一样，人把自己的理想寄
托于上帝。""人类精神统治着现实社会，并把平等作为社会的准则和理想。"①
虽然，两性不平等长期占据社会主流思想意识，但是这并不能说明男性压抑
女性是正义的。马克思、恩格斯对女性的生存境遇表示同情："母权制被推
翻，乃是女性的具有世界历史意义的失败。丈夫在家中也掌握了权柄，而妻
子则被贬低，被奴役，变成丈夫淫欲的奴隶，变成单纯的生孩子的工具了。"②
启蒙运动以及法国大革命使人类重新探讨关于人类天性平等问题以及世俗社
会中的自由平等权利，这使女性的自由平等的权利意识觉醒。女性需要进行
解放，需要复归人类天然平等的权益，需要拥有平等的夫妻关系。女性主义
追寻的将是永恒的真理，它不是一场推翻性的革新运动，而是一场复归运动，
复归人类平等的运动，可是这却导致了性别从同一性走向对立。

---

① 〔法〕皮埃尔·勒鲁：《论平等》，王允道译，商务印书馆，2012，第 15 页。
② 《马克思恩格斯文集》第 4 卷，人民出版社，2009，第 68 页。

一　两性原初平等状态

人类拥有文明以来的绝大多数文化和传统都是建立在父权制的基础上的，文明的话语权绝大多数时候掌握在男性的手中，但是，这无法改写两性之间平等之应然。对两性天然平等的追根溯源是一切女性解放运动的根本，应当成为女性主义研究的起点。历史唯物主义认为，社会的发展是由生产力的发展和生产关系的变化所驱动的，而不是由宗教信仰或者生物学因素决定的，经济基础决定上层建筑，包括决定法律、道德、宗教等意识形态，因此性别角色的变化与经济发展密切相关。恩格斯在《家庭、私有制和国家的起源》中通过详细考察人类社会早期的发展阶段，特别是家庭形式的变迁，揭示了两性关系从原始社会的相对平等到私有制产生后的不平等的历史演变过程。这一过程不仅为理解现代社会中的性别问题提供了历史背景，也强调了社会经济结构变化对两性关系的重要影响。早期人类生活在一种原始共产主义社会中，财产共有，生产资料公有，没有私有财产的概念。在这个阶段，不存在阶级划分，社会成员之间的关系相对平等。

1. 社会分工的平等

原始共产主义社会的分工呈现以下几个特征。首先，分工是自然形成的。在生产力水平极低的原始社会中，男女之间的社会分工主要是基于生理差异的自然分工。在原始社会，由于生产力水平极低，人们主要依赖自然环境生存。在这种条件下，男女之间的社会分工自然而然地形成了。男性由于体力上的优势，通常负责狩猎、捕鱼、作战等需要较强体力和冒险精神的活动；而女性则因其生理特点和细腻的心思，更适合从事采集、种植、照料家庭和儿童等任务。这种分工是基于男女两性生理差异的自然选择，而非人为强制的结果。其次，分工本身不具备平等或不平等的意味。在原始社会的氏族制度内部，还没有权利和义务的分别。参与公共事务、实行血族复仇或为此接受赎罪等，并不构成权利或义务的问题，这些问题正如吃饭、睡觉、打猎一样自然。同样，部落和氏族内部也没有阶级之分，男女之间的分工虽然存在，但并不构成社会地位的不平等。最后，分工的经济基础是原始共产制。原始社会的经济基础是共产制的家户经济，包括几个甚至多个家庭。在这种经济形态下，凡是共同制作和使用的东西，如房屋、园圃、小船等，都是共同财产。男性和女性分别是自己活动领域的主人：男子是森林中的主人，负责狩猎、捕鱼等活动；妇女是家里的主人，负责采集、种植、照料家庭和儿童等任务。男女分别是自己所制造的和所使用的工具的所有者：男子拥有武器、渔猎用具等，而妇女则拥有家内用具等。这种分工方式在原始社会中是合理且必要的，它确保了氏族共同体的生存和繁衍。

在原始共产主义社会中，两性社会分工的平等主要指的是男女在劳动和社会活动中承担的角色相对平等。这种平等体现在以下几个方面。一是共同参与劳动。男女共同参与采集、狩猎等活动，为部落或群体提供必要的生活资料。这种共同参与确保了男女在劳动中的地位相当。二是劳动分工基于性别差异而非等级。劳动分工更多地基于性别差异所带来的生理特点，而非社会地位的高低。例如，女性可能更多地参与采集活动，而男性可能更多地参与狩猎活动，但这并不意味着一方地位高于另一方。三是社会职能与角色的灵活性。在原始共产主义社会中，男女的角色并非固定不变，而是可以根据需要和个人能力进行调整。这种灵活性有助于减少性别角色的僵化。四是平等参与决策。在一些原始共产主义社会中，女性在部落会议和重要决策中也有发言权，这表明她们在社会中具有相当的影响力。

2. 母系氏族制度

巴霍芬的《母权论》是母权论研究的起点，它基于古代神话，提出了母权社会的概念。虽然后续的人类学研究对母权神话论提出了挑战，但关于母权社会是否真实存在仍是学术界争论的焦点。巴霍芬的作品依赖于西方古典文献，其中包含了母系传统的证据，如吕基亚人的母系命名习惯。尽管巴霍芬的一些推论缺乏严谨性，但这些发现支持了母系氏族社会的存在。因此，母权社会应与母系氏族社会区分开来，后者在人类历史上确实存在过一段时期，在那时女性享有较高的社会地位和权威。在原始社会的早期阶段，许多地区实行母系氏族制度，即家庭和社会组织以母系血缘关系为基础。在这种制度下，女性在社会生活中扮演着重要角色，她们不仅是家庭的管理者，也是社会生活的积极参与者。母系氏族制度在一定程度上保障了女性在家庭和社会中的地位和权利，促进了两性之间的平等。

恩格斯在《家庭、私有制和国家的起源》一书中，运用唯物史观阐述了人类社会早期发展阶段的历史。他肯定了巴霍芬以及摩尔根关于古代人类氏族社会形成的学说，并在此基础上进一步阐明了"两种生产理论"，即生命的生产分为两种：一种是"通过劳动而生产自己的生命"，另一种是"通过生育而生产他人的生命"。这两种生产"表现为双重关系：一方面是自然关系，另一方面是社会关系"①。显然，母系氏族社会还停留在自然关系的生产上，即"通过生育而生产他人的生命"。

早期人类社会对自然现象的敬畏导致了对生育现象的神秘化。在母系氏族社会中，女性因其生育能力而获得特殊地位。母子之间的自然联系被认为是基本的纽带，而母乳喂养加强了这种联系。女性被比作大地，体现了生育与自然的联系，成为母权制下的核心形象。当然，仅仅通过孕育也不足以让女性的地位达到巅峰，婚姻制度的变革以及女性在生产力中的贡献都让女性在这一时期占据重要位置。婚姻制度从原始习俗演变为法律制度，反映了社会结构的变化。早期社会可能存在混乱的性行为阶段，人们"只知其母，不知其父"。随着部落的发展，对血统纯正的需求促使婚姻制度发生演变，女性在此过程中扮演了关键角色。

这一时期的部落氏族中，女性负责部落内部的事务及繁衍，而男性则负责保护部落的安全以及打猎捕鱼等为部落提供食物保障。到了石器时代中后期，随着农耕文明的出现，女性也贡献了自己的生产力。她们天然精巧的手工技能，不仅为人类提供了防寒的衣物，同时也提供了使食物能够

---

① 《马克思恩格斯选集》第 1 卷，人民出版社，2012，第 160 页。

长久储存的办法。男耕女织时期，正式地展现了两性之间不同的社会职能以及不同的社会分工，而这些不同都是基于两性差异，而非两性不平等。女性天然的性别差异使女性在原始社会时期的氏族部落内部处于权威位置，使人类历史时期存在这样一个以女性为首的母系氏族部落社会。女性的生育繁衍能力被神化，使母系氏族社会对女性的崇拜是在一种性别差异的基础上。这在一定程度上确保了女性的社会地位，使两性维持在相对平等的状态下。

3. 共同劳动与分配

马克思主义理论强调物质生产方式对于社会结构的影响，特别是在原始社会中，男女共同参与劳动和财富创造的方式为两性平等提供了物质基础。在原始共产主义社会中，男女共同参与劳动，共同创造财富。由于财产和生产资料共有，劳动成果也按照一定的规则进行平均分配，这在一定程度上避免了因私有财产而产生的社会矛盾和阶级分化，也为两性之间的平等关系提供了物质基础。首先，共同劳动与平等的基础。在原始共产主义社会中，男女共同参与劳动是社会的基本特征之一。这种劳动形式不仅促进了生产力的发展，而且为两性平等创造了条件。由于所有成员都需要为生存作出贡献，男女在劳动中的角色变得不可或缺。在这种情况下，性别差异并未转化为社会地位的差异，而是成为共同生存和发展的重要组成部分。其次，共有财产与平等的关系。原始共产主义社会中的财产和生产资料共有，意味着个人无法独占资源，劳动成果也必须按照一定的规则进行平均分配。这种制度安排有效地防止了私有财产带来的不平等和阶级分化。在没有私有财产的情况下，社会成员之间的地位差异较小，这也为两性平等提供了坚实的社会基础。最后，分配机制与平等。在原始共产主义社会中，劳动成果的分配遵循公平原则，通常以需求为基础进行分配。这种分配方式有助于消除因经济地位不同而导致的社会不平等。男女共同劳动所产生的财富按需分配，保证了每个人都能得到基本的生活保障，从而在一定程度上消除了性别歧视的可能性。

原始共产主义社会中的男女共同劳动和财富共有为两性平等提供了物质基础和社会条件。这种模式通过消除私有财产和阶级分化，促进了社会成员之间的平等关系。然而，随着社会的发展和变化，性别平等仍然是一个需要持续努力的目标。从马克思主义的角度来看，不断改进生产方式和社会组织形式，可以进一步推动两性平等的进步，最终建立一个更加公正和平等的社会。

总之，原始共产主义社会中的共同劳动和财富共有不仅是生产力发展的一种体现，也是构建两性平等社会关系的关键因素。通过对这一时期的深入研究，我们可以更好地理解两性平等的本质，并为现代社会中的性别平等问题提供有益的启示。但要注意，尽管原始共产主义社会为两性平等提供了良好的环境，但性别角色和社会变迁仍会对平等造成影响。随着生产力的发展和技术的进步，社会分工可能会发生变化，这可能导致新的不平等现象的出现。例如，在农耕文明兴起之后，体力劳动变得更加重要，这可能会导致男性在某些社会中占据优势地位。

二　两性不平等的状态

马克思主义妇女观念或者说马克思主义两性平等观念的基础是历史唯物主义和唯物辩证法。根据历史唯物主义基本原理，马克思主义妇女观把妇女压迫和妇女解放置于整个社会历史背景中，重视历史分析，认为妇女受压迫具有整体性、阶级性和历史性的特点。女权主义追求自由与平等旨在实现妇女解放和人类解放，而马克思主义理论本身也旨在关注人类不平等现象以及未来实现全人类的解放，两者的精神实质与目标具有一致性。

1. 父权控制

恩格斯指出："母权制被推翻，乃是女性的具有世界历史意义的失败。"[①]母系氏族社会过渡到父权社会，导致了性别差异观念的转变。在母系氏族

① 《马克思恩格斯文集》第 4 卷，人民出版社，2009，第 68 页。

社会中，女性的自然性别受到大家的崇拜；随着生产力的发展，社会逐渐从对女性自然性别的崇拜转向对男性社会性别的崇拜。波伏娃在《第二性》中总结道："男性较女性先感受到了作为人的乐趣。"① 在原始社会初期，为了生存，游牧民族不得不频繁迁徙，食物极度匮乏，部落成员常常食不果腹。在这种情况下，人们难以感受到自身作为人的价值，更谈不上思考。当男性凭借力量与智慧成功狩猎，带着食物返回部落时，部落成员为之欢腾，男性也因此首次体验到了作为人的乐趣与价值。男性通过劳动创造，先于女性感受到了人的力量。这一时期的女性则承受着频繁生育的痛苦，无法频繁参与劳动，也无法保证自身的安全；生育功能此时不仅未能给部落带来繁荣，反而增加了食物的需求量。男性逐渐成为部落食物的主要供应者和安全的守护者。无论是在母系氏族社会还是父系社会，男性对部落的贡献使人们始终对他们持有尊重和崇拜之情。这种崇拜源于男性在其社会角色中展现出来的能力，他们成功地利用了自己的性别优势，实现了自然和社会的完美结合。男性自然而然地取代女性成为部落的领袖，并获得了人们的信任与尊敬，这种领导地位正是后来父权社会统治者职能的雏形。

　　女性在择偶的方面也表现出了对男性的崇拜，这种崇拜滋生了男性的虚荣心，暴力、好战等一系列显性的男性气质也由此显现。达尔文曾指出，在低等脊椎动物中，雌性往往显得特别偏爱那些"最有活力、最有勇气、最有精气神的雄性"②。人类对于性伴侣的选择往往同动物极其相似，男性用力量和魅力吸引着女性，就像女性用姣好的容颜和窈窕的身材吸引男性一样，性别差异的美促使两性之间相互欣赏、相互喜欢。那么，男性如何用男性的力量美建立起了父权制社会呢？如何让女性从欣赏男性的力量转变为崇拜男性的社会性别呢？"求偶"和"吸引异性的原始方法"在人类社会原始时期同样存在过，男性在求偶时，如果有竞争者，最有效的方式往往是战胜他们，因为女性更倾向于选择最勇敢、最能干的男人作为配偶。

① 〔法〕西蒙娜·德·波伏娃：《第二性》合卷I，郑克鲁译，上海译文出版社，2011，第90页。
② 〔英〕达尔文：《人类的由来及性选择》，马君武译，商务印书馆，1957，第35页。

女性欣赏男性特有的力量，并希望这种力量得以展现——这种力量不仅能对外展示，有时也会施加于她们自身。例如，在匈牙利某些地区，农妇希望丈夫通过家暴来证明对自己的爱；而在意大利的卡莫拉黑手党组织中，女性可能认为不打妻子的丈夫是愚蠢的。男性之间的战斗通常因争夺女性而起，如果一名丈夫战败逃走，他的妻子更愿意跟随胜利者，而非寻找逃跑的丈夫。

　　男性首先以其力量之美征服了女性。女性选择一个男人，并将自己的命运完全托付给这位男性。作为回报，男人对女人负有保护的责任。部落由最勇敢的男性领导，他们对部落的安全与发展同样肩负着责任。很快，男性的领导能力得以显现。在与自然、野兽及外来部落的暴力对抗中，男性积累了不少宝贵的经验，同时锤炼出了良好的心理素质。当部落面临危机时，一位优秀的领袖完全有能力带领部落转危为安。随着部落不断壮大和富裕，人们对男性领导者的信任日益加深。或许最初大家遵从一位男性的领导只是出于偶然，但男性的领导魅力使这种偶然的开端得到了默认和延续。女性选择最勇敢的男性，很大程度上也是出于对后代的考量。首先，强壮的男性相比于体弱的男性而言，更具备阳刚之气，女性认为与这样的男性结合能够孕育出像父亲甚至超越父亲的优秀后代。在家庭内部，强壮的男性不仅能保护家人免受威胁，正如前述，女性是结束随意交配的倡导者，她们更渴望拥有稳定的伴侣，而不希望受到随意的侵犯，强壮的丈夫还可以有效地驱赶其他求爱者。由于生理上的差异，女性对抗自然环境的能力相对较弱，因此更容易感到缺乏安全感。男性的力量正好为女性提供了所需的安全感，两性之间的互补性使彼此更加相互吸引和依赖。因此，无论是在生理层面还是社会层面，两性始终是一体的。如果说，劳动人民最光荣，那么男性对于生产力的贡献使得男性拥有无限的荣光，尤其是在生产方式较为原始的时期。旧石器时代以及新石器时代，男性先天的性别优势让男性担当了生产主力的角色。旧石器时代，由于气候环境的因素，人类的物质资料极其短缺，再加上野兽的袭击，人类的生存环境极其恶劣。

为了方便狩猎以及抵御野兽的袭击，人类发明创造了简单的打制石器，从打制石器的创造与使用都是以男性为主体的，简单的社会生产更适合体力强壮的男性，所以男性在这一时期成为绝对的生产主力。当冰河渐渐退去、气候逐渐变暖，人类的生存环境也逐渐改善，这些变化直接影响了人类的生存方式，人们不再逐水草而居，而是从森林迁徙到平原之上定居。环境的变化让人类的渔猎业发展得极为迅速，为了适应新的环境，更多的发明创造出现了。这一时期的工具主要是石制工具，考古学家在一些地区发现了石斧等工具。同样，这一时期的渔猎主要由男性负责，而根据之前的使用和制作经验，工具的更新发明很有可能也是由男性完成的，因为男性作为工具的主要使用者，在使用过程中有经验积累，他们清楚工具的属性以及优缺点。从森林移居草原这一跨越，标志着人类文明的开端。人类定居平原之后，农业文明出现了，农耕使人类物质丰富了起来，人类学会种植玉米等作物，火的保存和使用也使食物有多种吃法。同时人类也学会了畜牧，圈养犬类看护家畜说明人类的畜牧业已经发展得十分成熟。农耕文明的出现同时也催生了新的工具，例如耕犁、水车等。"男耕女织"恰当地描绘了这一时期的田园生活，同时也传递出了一个很重要的信息，那就是男性依然是农耕文明的生产主力。也许是体力优势的延续，也可能是对男性劳务的固有思维，男性在很长的一段时间内都承担了主要的生产劳作，也保持着向集体或家庭内部生产和输送食物的角色。

男性从劳动贡献、男性力量以及氏族内部职能的完美表现等方面向人们展示了其性别魅力。而男性的性别魅力不同于女性天然的性别魅力，男性的魅力在于通过性别差异的转化，将自然性别的魅力完美地转化为社会性别的魅力，并且顺利地用父系氏族社会代替了母系氏族社会，这种转变并没有通过暴力革命的方式，反而让大家对这种家长性别的改变觉得理所当然。这就是男性社会性别魅力的所在。母系氏族社会过渡到父系氏族社会是历史发展的必然趋势，但是从父系社会转变到父权社会、对人的压迫和奴役以及对女性性别的歧视和不尊重并非历史的必然。

2. 性别歧视

任何新的社会形态出现都有其特定的历史条件。阶级社会产生的条件之一就是家庭在作为社会单位对抗群体部落时，最终取代了部落，取得了胜利，而家庭的发展和从部落中的剥离离不开婚姻制度的改变与私有财产的产生。阶级社会的产生标志着男权社会的开始。在男权社会中，女性的社会地位和家庭地位很低，女性实现了由人到物的转变，成为男性私有财产的一部分。男性作为家长以及财务的主人，对自己的妻子甚至是女儿有绝对支配的权利。阶级社会的压迫表现在一部分阶级对另一部分阶级的压迫上，阶级社会与男权社会重叠的复杂社会关系使女性受到了来自男性和女性内部的双重压迫。

奥古斯丁在《上帝之城》中记载了瓦罗讲述的关于雅典的故事。雅典城初建之时，一棵橄榄树突然出现，一股泉水突然涌出。雅典人不知道这两个神迹的含义，德尔菲的阿波罗告诉雅典人，橄榄树代表雅典娜，泉水代表波塞冬，他们要从这两个神中投票选出一个来命名自己的城。结果男人都选波塞冬，女人都选雅典娜，因为女人比男人多一个，所以雅典娜取胜，这个城被命名为雅典。波塞冬暴怒，洪水四溢，雅典人为了平息他的怒气，给了雅典女人三个惩罚：取消雅典女人的投票权；雅典的孩子不得以母名命名；她们不得被称为雅典女人。① 在巴霍芬看来，这是女权制让位给父权制的标志，同时，雅典也出现了父权制的最高形态——剥夺女性的种种权利。马克思主义认为，财富的剩余导致了私有制的出现，而私有制的出现是阶级社会出现的重要原因。随着母系氏族社会过渡到父系氏族社会，婚姻形式也随之转变。巴霍芬认为，群婚向个体婚姻制度的转变，主要是由妇女推动的，恩格斯也赞同了这种观点。妇女实现了群婚向对偶婚姻的过渡之后，男子实行严格的专偶制。随着生产力的迅速发展，氏族社会群体内出现了财富剩余，如何分配财富成为氏族社会面临的难题。这些

---

① 〔罗〕奥古斯丁：《上帝之城：驳异教徒》下卷，吴飞译，上海三联书店，2009，第57~58页。

财富转归家庭私有，对对偶婚姻制度和母权制度社会造成了极大冲击。因为对偶婚姻确定了生父，生父在家庭内部的分工明确，是工具和牧群的所有者。如果夫妻离婚，按照母系氏族的继承传统，丈夫不属于母系氏族的成员，他的孩子无法继承父亲的遗产。随着财富剩余的逐渐增多，父亲的财产比重不断加大，直至超过母亲，那么就需要一种新的继承方式来主要继承父亲的财产，这直接导致了母系氏族社会中母亲的地位逐渐变得不如父亲重要，父系氏族社会自然取代了母系氏族社会。随着财富逐渐积累，财主通过剩余的财富购置劳动力，使之成为自己私有的奴隶，为自己创造更多的财富，而主人对购买的奴隶拥有绝对的处置权。当侵略扩张其他部落时，俘虏的男性被充当奴隶，而俘虏来的女性同样被作为私有财产纳入家庭中，女性的私有化使女性的地位从此发生了改变。当男性拥有了对家庭的绝对统治权以及大量的财富时，他希望自己的财产能由自己的子女继承。而自由的婚姻制度显然不能保证血缘的纯正，所以男性开始推动对偶婚姻向个体婚姻的转变。男性要求妻子对自己绝对的忠贞，妻子只能有一个丈夫，且只能与自己发生性关系，而男性则可以通过掠夺和买卖娶得多位妻子，或者拥有一个主妻以及多个妾室，一夫一妻制以及一夫多妻制就这样出现了。

阶级社会出现后，男性从经济、政治、文化、社会地位等方面对女性进行压迫。例如，在财产继承方面，全新的继承规则被制定出来，以确保男性家长的财富能被自己的血亲继承。女性地位的降低同样表现在家庭内部，而这样的情况以代际传递的方式延续了下来，使家庭中女儿的地位远远低于儿子。阶级性还体现在妾室所出子女地位低于主妻所出的子女。家庭作为最小的社会单位，其内部的阶级性体现得淋漓尽致。种种情况表明，男权社会传宗接代的关键不在于女性，而在于男性。因为男性利用极其严苛的社会道德准则以及婚姻制度剥夺女性的自由和权利，使女性沦为生育机器。在这样的社会标准下，女性以生出一个男婴来标榜自我价值，更多的女性希望通过"母凭子贵"的方式来提高自身在家庭的地位。

　　女性由于私有制的兴起而逐渐失去了原有的地位，她们的历史与命运的大部分与继承史紧密相关。物主往往对自己的财产比对自身生命更为看重，这导致物主在财产中异化了自己的存在。"但只有财产依然留在拥有者的手里，这种延续存在才能实现：只有财产属于拥有者的后代，并确认这后代属于他的情况下，才能超越死亡，仍旧属于他。"① 当财产被物主的后代继承下去的时候，物主的生命才能以另一种形式延续下去，这是人在财产中异化的直接表现。女性在物主的财产异化关系中，沦为生育机器，她所生育的子女成为物主的后代，与她并无直接的关系，因为物主拒绝与妻子平分财产，女性与子女天然亲密关系的剥离使女性的家庭地位进一步降低。

　　在中国，有确切财产继承的记载始自秦代。《史记·王翦列传》记载，王翦为秦始皇率兵攻楚，"多请田宅为子孙业"，说明土地可以作为继承的内容。秦代由于商鞅变法实行分户，子壮则"出分"或"出赘"，可以推断，父母财产多由独子或幼子继承。汉代时，财产继承首次确立诸子均分的原则。《史记·陆贾传》记载：陆贾"有五男，乃出所使越得囊中装卖千金，分其子，子二百金，令为生产"②。汉代这种诸子均分财产的规定，在唐代被沿袭下来。唐《户令》规定："诸应分田宅者，及财物，兄弟均分；妻家所得之财，不在分限。兄弟俱亡，则诸子均分。其未娶妻者，别与聘财。姑姊妹在室者，减男聘财之半。寡妻妾无男者，承夫分。若兄弟皆亡，同一子之分。"③ 唐律规定，已出嫁的女儿没有继承权，但未出嫁的女儿还有继承权，只是数额相对较少；无子的户绝之家，出嫁的女儿还享有财产继承权。随着私有财产的丰富和交易的频繁，法律对私有财产的保护也逐渐加强。宋代财产继承制度比前代完善了许多。不仅沿袭了唐代的"诸子均分"制度，还明确了继承人的范围和顺序，并对妇女的继承权作出了规

---

① 〔法〕西蒙娜·德·波伏娃：《第二性》合卷 I，郑克鲁译，上海译文出版社，2011，第109页。

② （汉）司马迁：《史记·郦生陆贾列传》，萧枫解译，北方文艺出版社，2007，第35页。

③ 〔日〕仁井田升：《唐令拾遗·户令》，栗劲等译，长春出版社，1989，第603~604页。

定和更新。宋《户令》规定："在法：父母已亡，儿女分产，女合得男之半。"① 即未婚的女儿可以得到男子一半的继承份额。如果只有女儿即户绝之家，《宋刑统·户婚律·户绝资产》规定："户绝者，所有店宅、畜产、资财，营葬功德之外，有出嫁女，三分给与一分，其余并入官。"② 即未婚的在室女可以得到遗产的四分之一，出嫁女可以得到三分之一。然而，寡妇的继承权却受到了限制。如果被继承人有子女，寡妇可以得到赡养，但不能随意处置自己的随嫁奁田，也不能将前夫的遗产随意遗嘱给其他人。如果寡妇改嫁他人，则不能完全继承前夫的财产。

男权社会对女性权利的剥削最显著的特征是对政治权利的剥夺。周武王在讨伐商纣时曾说："牝鸡无晨，牝鸡之晨，惟家之索。"这句话的意思是，母鸡不应该在早晨打鸣，如果母鸡在早晨打鸣，那么这家就要衰败了。这里暗指后宫不得干预朝政，如果后宫干预朝政，这个国家就会陷入危机。封建社会开始禁止女性参政、议政，男权社会认为女性不具备参政的才能，这种观点间接贬低了女性的能力与性别，同时将女性排除在权力圈之外，以确保男性统治的权威不会被母权社会所挑战。人类区别于动物的一个特征就是人类具有理性，而在男权社会中，女性被等同于只有感性认知的进化不完全的"第二性"。亚里士多德就认为女性代表的是一种"残缺不全"的性别，他还指出女性"在精神上发育不全，只停留在感性阶段，而未能上升到理性阶段，因此显得幼稚、浅薄、愚蠢"③。叔本华也曾说过，女性的天资最适合担任养育婴儿及教育孩童的工作，原因在于女性本身就像孩子一样，既无所事事又见识浅薄——简而言之，她们的思想介于儿童和成年男性之间。

在男权社会中，女性被认为天生不具备理性，女性的特征决定了她们只适合待在家庭内部以及从事简单的家务劳动。政治权力中心则被认为只

---

① 中国社会科学院历史研究所：《司法拟立继有据不为户绝·名公书判清明集》，中华书局，1987，第 216 页。

② （宋）窦仪：《宋刑统·户婚律·户绝资产》，中华书局，1984，第 198 页。

③ 〔古希腊〕亚里士多德：《政治学》，吴寿彭译，商务印书馆，1995，第 75 页。

适合拥有理性品质的男性参与。因此，男性的"性别优越性"注定了他们应该领导家庭，并享受女性提供的家庭服务。女性对现实的隐忍以及逆来顺受造就了她们安静、沉稳的气质。如果说早期女性地位的下降是因为生产力低下等现实因素，那么随着从奴隶制度到封建制度再到资本主义社会的发展，女性的从属地位已经深入人心，并在社会中成为常态。而且，女性的家务劳动价值被忽视。女性自身受到的封建礼数、封建观念、等级制度等一系列因素的影响，使她们以及整个社会对女性的价值和付出都产生了轻视。例如，《张门才女》一书中描写了女主人公汤瑶卿在丈夫及其家族不提供任何经济援助的情况下，通过出售手工制品来换取生活费用以维持生计，这表明女性的家务劳动对家庭的经济收入同样非常重要。

《张门才女》一书主要展示了晚清社会时期江南地区女性社会生活的各个方面，尤其是在教育方面出现了显著的开化和进步。然而，女主人公们的学习经历同样揭示了男权社会时期对女性教育权利的严重剥夺。第一代女主人公汤瑶卿虽然在儿时展现出了良好的诗文创作天赋，但十岁之后却无法与她的堂兄、弟弟等一同在私塾接受教育，她也无法继续深造，学习内容转为女红以及《女诫》《内训》《女范捷录》等传统女性读物。封建社会对女性的忠诚问题规定得极为严格，出于维护父系血统的纯洁性，甚至鼓励妇女为亡夫殉葬这种极端不人道的做法。如果女性违背忠诚义务，则会受到极其严酷的惩罚，一些家庭或宗族内部甚至拥有生杀予夺的大权。对女性教育权利的剥夺在西方国家同样普遍存在。1640 年，一部名为《女人的严厉复仇》的匿名作品这样辩称：将女性排除在知识殿堂之外是男性精心策划的结果，目的是确保自己的主宰地位得以延续。[①] 西方男性与女性的学习内容也有所不同，男性认为女性的天性使她们只适合学习唱歌、绘画、插花等远离政治性的学科，并且通常只有贵族阶层的女性才有机会和财力支持去学习这些学科。贵族女性被形容为"打扮精致的羽毛"，以此讽

---

① 转引自〔英〕玛格丽特·沃特斯《女权主义简史》，朱刚、麻晓蓉译，外语教学与研究出版社，2013，第 179 页。

刺女性对自己的从属地位逆来顺受，并乐在其中。女性把自己打扮得精致美丽，同时也带有目的性——贵族女性通过穿着打扮来彰显自己的社会地位，此外，也能起到吸引异性的作用。表面上，女性美丽并享受着尊贵的生活，但实际上，羽毛的脆弱性和轻浮性象征了女性对男性的依附和从属关系。

　　阶级社会与男权社会的重叠使女性受压迫的因素变得更加复杂。其中，女性对女性的压迫可以通过阶级差异表现出来。在男权社会中，男性为女性制定了极为严苛的婚姻制度，而男性自身却拥有对婚姻的绝对主导权。严格意义上讲，中国古代盛行的婚姻制度虽名为一夫多妻制，但实际上，只有一位女性是通过正式婚姻形式而取得了法律意义上的妻子地位。除了正式妻子外，男性还可以拥有妾室，以及其他形式的性伴侣。妾室及其子女的地位远低于正妻及其子女，例如，在宋代，妾室及其子女都应尊称正妻为"主母"，妾室子女只能称呼生母为"小娘"。家庭内部事务以及对外的社交活动全部由正妻负责。古代社会讲究"长幼尊卑"，正妻与妾室之间有着严格的封建礼仪规范，妻与妾之间实质上是主仆关系，妾对妻要表现出恭敬，绝不可以逾越规矩。封建社会阶级之间界限分明，阶级之间的跨越十分困难，而妾的存在本身就是一种阶级差异的象征。《唐律疏议》中就有明文规定："以妾及客女为妻，徒一年半。"[1] 如果让妾变为妻子，则会触犯刑律。在中国古代社会，继承制度可分为宗祧继承和财产继承。从商朝中后期至清朝末年，宗祧继承的原则一直是嫡长子继承，即只有正妻所生的长子才能拥有宗祧继承权，妾室所生子女通常只能拥有财产继承权，且财产继承的份额有限。明《大明令·户令》规定："奸生之子，依子数量与半分。"[2] 即私生子的继承份额仅为婚生子的一半，清代沿用了这一规定。妾被视为较低的社会阶层，因此，一般的家庭不会将女儿许配为妾，只有妓女、贫困家庭等阶层才会将女儿以明码标价的方式出卖。妾作为一种特

---

① （唐）长孙无忌等：《唐律疏议》，刘俊文点校，中华书局，1983，第269页。
② 《大明令》，载《中国珍稀法律典籍集成》乙编第1册，中国科学出版社，1994，第10页。

殊的女性社会存在方式的出现，证明了女性在两性关系和社会生活中均失去了应有的地位。

歧视女性所带来的根深蒂固的思维方式不仅体现在男性对女性的态度上，也体现在女性对自己性别的轻视和否定上，女性之间同样存在着歧视和压迫。《礼记·内则》中描述了古代儿媳应该如何对待婆婆：儿媳不能拥有私人财物，都须上交给婆婆；婆婆赏赐的衣服不能说不好看，必须一直穿着，直到婆婆允许脱下；若婆婆不喜欢儿媳，即使儿子不同意，也要休掉；若婆婆喜欢某个儿媳，即便儿子不喜欢，也要娶回来并以礼相待。①《孔雀东南飞》就是古代婆媳关系的一个典型写照。刘兰芝"十三能织素，十四学裁衣，十五弹箜篌，十六诵诗书"，成为人妇后更是"鸡鸣入机织，夜夜不得息。三日断五匹"，这样典型的封建模式下培养出的优秀女性并未能得到焦母的怜惜，反而遭到百般刁难，被焦母怂恿儿子休妻另娶。在"百善孝为先"的封建纲常社会中，儿子自然要听从母亲的命令。著名的诗人陆游与爱妻唐琬的婚姻也因陆母的百般阻挠而破裂，陆游被迫休妻，他的两首《钗头凤》淋漓尽致地再现了封建社会的社会意识对人的异化以及人与人之间关系的扭曲。反观之，陆母与焦母本身也是封建社会道德纲常的受害者，因为封建伦理纲常要求女性在家庭中不仅要扮演好妻子的角色，同时也要承担家长的责任，关注一个家庭的传承和发展。

三　女权运动兴起

女性受到男性奴役是由多个方面和因素共同作用产生的社会现象，女权意识的觉醒以及逐渐走向反抗男权的斗争也是由于多种条件的成熟。女性受到男权的压迫已久，虽然在漫长的压迫史中，女性表现出了超凡的忍耐和平静，但这并不意味着男权的存在是合理的。最初的女性主义者和女权意识在男权社会下谈"男女平等"会显得离经叛道，因此，她们的表达

---

① 参见（清）孙希旦《礼记集解》，中华书局，1989，第782~784页。

具有策略性，隐晦且借助外力是常用的方法，例如宗教、文学等。随着人们对阶级社会不满的情绪逐渐高涨，"自由""平等""民主"思想不断深入人心，人们最终选择通过暴力反抗的方式推翻了统治自己的贵族和君主。这场运动的成功不仅为女权运动提供了理论支撑，同时也为女权运动树立了榜样，一场旨在结束性别压迫、要求两性平等的运动浩荡地铺展开来。然而，女性向男性宣战的同时也使两性关系走向了对立。

1. 女性平等意识的启蒙

女权运动发起之前，女性平等意识启蒙经历了漫长的岁月。在正式形成女权意识之前，启蒙意识需要寄存在某种介质中，而这个介质就是宗教。男权社会剥夺了女性的教育权和政治权利，并且这一现象在世界范围内具有普遍性。在欧洲长达几个世纪的时间里，一些家庭将"情况特殊"的女性送到教会中接受上帝的洗礼或者为上帝服务一生，看似枯燥的修女院生活实际上为女性提供了相对宽松的学习环境。女性通过这种集体生活不仅能识文断字，还锻炼了一定的组织才能。随着文化的灌输，女性学会了独立思考，并且开始为自己发声。16世纪后期，越来越多的女性在宗教的框架下开始谈论自身的处境，并且观点具有攻击性。《圣经》中许多关于女性的负面形象一直是男性攻击女性的论据，而一些宗教女性为了反驳男性的观点，开始对《创世纪》的相关内容作出不同的解释，例如，埃米莉亚·兰耶认为，耶稣由女人怀胎、诞下、哺育，他对女人表现出顺从、治愈、宽恕，并且他复活后，首先显身给一个女人，这都说明女性并没有被上帝遗弃，相反，她们受到了上帝的爱护和庇护。[①] 随着宗教改革，教会女性获得了更多的自由，尤其是17世纪，独立教会允许女性就教会事务进行辩论和投票，这是女性政治参与的雏形。在宗教不断变革的过程中，以及女性的不断争取下，16世纪英国的浸礼派（16世纪英国的一个激进教派）承认男女平等，并允许女性在集会上祈祷和发言。女性启蒙意识孕育在宗教变

---

① 〔英〕玛格丽特·沃特斯：《女权主义简史》，朱刚、麻晓蓉译，外语教学与研究出版社，2013，第171页。

革之中，虽然在空间范围上具有一定的局限性，但女性的主动争取和反击已经表明女权思想的萌芽。

14~16 世纪的欧洲经历了文艺复兴的人文洗礼。随着人类社会文明的进步、生产力的快速提高、城市的兴起等，人们拥有了富足的生活，而以往的禁欲宗教观使人们心生反感，人类开始重视自身价值，希望冲破古老教义及教规的束缚，实现人的自我解放。在这一时期，艺术、绘画、雕刻、文学等多个学科都得到了飞速的发展，人们通过充分展现自我才华的方式改造着人类生存的世界。文艺复兴的实质是新兴资产阶级反抗封建社会的一场运动，复兴古罗马艺术等行为，实际上是表达对封建社会等级森严的社会制度的不满。而人文精神作为文艺复兴的核心内容，否定了神的权威，注重个人的价值与尊严。在人的解放的同时，也实现了道德的解放。"道德解放"一词具有褒贬双重性，一方面，道德解放使人们冲破封建等级制度；另一方面，在道德解放过程中，出现了一些过激的现象。所以，要从不同学科视角去探讨这个问题。而从"女性解放"这一视角来说，道德解放给封建社会下被歧视、压迫的女性提供了希望。道德解放使封建社会下男女情爱得到了解放，甚至性也得到了解放。在封建社会时期，"良好家庭的女子，深居闺房，甚少与家人以外的男子有接触的机会。她们自幼一再受到教导，在婚前要保持忠贞，因此有时候我们听说某一女子在被奸污以后投水自杀了"[①]。恩格斯也认为："中世纪是从具有性爱的萌芽的古代世界停止前进的地方接着向前走的，它以通奸的方式接着前进。"[②] 随着社会的开化，一些禁欲已久的男女对爱情和自由的向往会因为过久的克制而显得更为激进。自由且浪漫的恋爱是幸福婚姻的基石，文艺复兴时期许多伉俪情深的爱情故事被流传了下来，这种自由的恋爱也带来了进步的一面，甚至许多已婚的妇女还保留着自己的姓氏。

文艺复兴时期的男人们主要有两个特质：知识和道德上的勇气。这一

---

① 〔美〕威尔·杜兰：《世界文明史》第 5 卷，幼狮文化公司译，东方出版社，1998，第409 页。

② 《马克思恩格斯选集》第 4 卷，人民出版社，2012，第 88 页。

时期的男子多才多艺，不仅要有翩翩君子的绅士风度，还要有上阵杀敌的勇气和力量，他们希望通过自己独树一帜的行为来表达个性，这也是文艺复兴时期注重追求人的价值的体现，他们以自己定义和理解的方式展现"男子气概"。有人评价道："妇女的兴起是这个时期最光辉的一面。"文艺复兴时期的女人地位随着财富的增加而提高，尤其是家境良好的女子会在婚前接受几乎与男子同样的良好教育，她们精通乐器、绘画，涉猎文学、哲学，甚至有的女子成为学者，可以同男子在公开场合辩论问题。具备了一定的优越条件，文艺复兴时期上流社会的女性从宗教的轻蔑以及封建束缚中解脱出来，几乎与男性有着同等的地位。在得到男性的欣赏以及具备良好才能的情况下，女性偶尔也会展现出良好的政治才能，比如比安卡·玛丽亚·维斯康蒂（Bianca Maria Visconti）在丈夫不在时代理统治米兰，并表现出了良好的政治才能。女性气质与美在这一时期也得到了显著的关注和赞颂，她们对自己身体的每一个部位都要求严苛，皮肤要细嫩白皙，肩膀要匀称，嘴要小巧等，甚至发色都有严格的美的定义。她们的服装十分考究，精美与华丽被放在首位，而舒适方便则不被考虑，配饰也要精心搭配，帽子就有几百种之多。然而，华而不实的服装与统一的审美让女性渐渐具有了统一的"女性气质"，女性在过剩的商品中物化了自身。文艺复兴带给妇女的是解放，但对解放的曲解却使女性步入了自我异化的深潭之中。文艺复兴带给女性的解放为女性接下来的平权运动做了思想上的动员，就像威尔·杜兰特所说的："意大利的文艺复兴运动，就像法国的启蒙运动，是两性共同努力的结果，妇女进入了生活的每一个领域。"①

　　启蒙运动是继文艺复兴之后的又一次反封建思想解放运动。启蒙运动继承了文艺复兴的人文思想，并且启蒙运动对宗教和封建社会的批判更加彻底、更加直接。启蒙运动的思想家们直接构建了一个理想社会蓝图，并宣扬了"自由、平等、民主"的思想。有人说 18 世纪是伏尔泰的世纪，伏尔泰作为启蒙运动的领袖，宣扬了"天赋人权"说，他认为人生来就是平

---

① 〔美〕威尔·杜兰：《世界文明史》第 5 卷，幼狮文化公司译，东方出版社，1998，第 411 页。

等自由的，而且这种权利是随着出生就伴有的，任何人都不能剥夺。同时，他还支持法律面前人人平等。[①] 伏尔泰的"天赋人权"说在 18 世纪的欧洲掀起了波澜。过去的文艺复兴运动只是借助复兴古罗马等地的文化艺术来表达对封建制度的不满，而伏尔泰则直接抨击封建制度和宗教的腐化。"天赋人权"给了解放中的欧洲人民更大的希望和鼓舞。自由、平等、民主正是新兴的资产阶级所迫切要求的，也是封建阶级压迫下的劳苦大众所向往的。

卢梭是启蒙运动另一位伟大的领袖，他继承了洛克的"人民主权"思想。他的著作《社会契约论》《爱弥儿》等都体现了对人本文化的赞扬以及对君主制度的批判，尤其他在《爱弥儿》中关于教育思想的论述更被誉为现代教育思想的起源。卢梭亦认为主权与法律应属全体公民，这与他早期的流浪生活有着很大的关系。在《论人类不平等的起源和基础》的撰写过程中，他将自己流浪的感受和想法写进了这篇文章之中。他探讨了人类经历了一个原始的"平等时期"，随着生产力的发展，人类获得了文明，"善"是人类应当追求的主流思想。但是，阶级社会的产生、私有财产的出现滋生了人类的"恶""嫉妒""暴力"等罪恶。他认为人类的恶是无法消除的，革命也不能消除，因为革命也有阶级性。只有人类重新拾起宗教信仰，宗教培养人类的同情心，这样人类才可以善待其他的同类。历史学家们认为卢梭的思想是法国大革命的导火索，因为其思想对当时的欧洲社会，尤其是法国，具有冲击性，并且自身也具有先进性。他试图析出宗教中的哲学思想以作为他社会契约论的基础。虽然他没有系统的教育背景，但是他的思想深刻且有意义。

2. 女性权利意识的觉醒

世俗女性主义的开端、发展以及高潮都伴随着特殊的世界政治性事件，而法国大革命的爆发直接催生了女性解放运动，两次世界大战以及工业革命等推动了女性主义运动浪潮的出现。需要助力性质的解放运动也说明女

---

① 〔法〕伏尔泰:《哲学通信》，高达观、徐仲华译，上海人民出版社，1986，第 193 页。

性主义运动的发生具有机动性及不彻底性，而这也成为女性主义运动经历了漫长的岁月并且仍在进行中的原因之一。

经过文艺复兴与启蒙运动的思想铺垫，一场声势浩大的旨在推翻封建君主制度并建立理想国家的暴力革命在法国爆发。法国大革命被视为 18 世纪最重要的革命，原因在于其群众参与的广泛性。17~18 世纪的法国皇室与贵族阶层过着极尽奢靡的生活，并对外实施穷兵黩武的政策，这使正处于农业经济过渡时期的法国在经济上捉襟见肘。法国皇室与贵族阶层只有通过剥削农民、买卖官位的方式维持这种奢靡的生活，资产阶级则通过购买官职等方式进入政府体系，从而法国政体呈现多样化。18 世纪后半叶，随着经济负担的日益加重，农民阶级与贵族之间的矛盾彻底爆发。1789 年的世界绝对还是一个乡村世界，除了一些工商业极其繁荣的地区，很难找到农业人口少于总人口 4/5 的国家，法国亦是如此。因此，法国大革命的爆发有着极其广泛的群众基础。普通民众阶层联合资本主义阶层引发了暴力革命，粉碎了君主制度。在暴力革命之前，文艺复兴运动以及启蒙运动宣扬的思想意识激发了人们对自由、民主政体的向往，特别是底层劳苦大众，这使革命者的革命意愿更加强烈。

1789 年 7 月 14 日，巴黎的工人、手工业者以及贫民纷纷涌上街头夺取政权，最终攻下了巴士底狱。之后两次起义的群体主要是巴黎的"无套裤汉"①，紧接着，同年 8 月 26 日，国民议会颁布了法国大革命的纲领性文件《人权宣言》②。该宣言第一条就明确规定："人生来就是而且始终是自由的，在权利方面一律平等。社会差别只能建立在公益基础之上。"《人权宣言》首次将自由、平等、权利纳入世俗政权体制中，这不仅为男性争取了权利，

---

① "无套裤汉"一词源自当时法国贵族男子盛行穿着紧身短套裤，膝盖以下穿长筒袜；而平民则穿长裤，无套裤，因此得名。起初这是贵族对平民的蔑称，但很快成为革命者的同义词。这一称呼在法国大革命时期特指城市平民，主要包括小手工业者、小商贩、小店主和其他劳动群众，有时也包括一些较为富裕的人。他们是城市革命的主力军，参与了大革命中的几次武装起义。

② 《人权宣言》即《人权和公民权宣言》，于 1789 年 8 月 26 日颁布，是在法国大革命时期颁布的纲领性文件。

也为女性带来了两性平等的希望。

女性在这次革命中也扮演了革命者的角色。在起义群体中不乏勇敢追求自由解放的女性。著名油画《自由引导人民》描绘了"七月革命"的场景，画中的女性形象在战场上英勇地举着象征"自由""平等""博爱"的三色旗，她勇敢的形象被法国人民誉为"自由女神"。参与革命的女性民众与任何一个参加起义的革命者一样，期盼推翻奴役她们的阶层，幻想通过权利的赋予与男性拥有同样的权利，从而实现两性平等。然而，接下来的发展趋势让女性群体大失所望。在分享革命胜利的成果时，女性看清了这场运动的本质：农民、工人、小商贩甚至奴隶阶层的社会地位和权利都得到了提升，而女性却被默默地边缘化到了家庭之中。革命并没有实现两性平等，这是女性群体在革命中未能实现其目标的重要原因。革命的果实通过惠及家庭而惠及个人，但实际上，女性在家庭内部的失势切断了她们获取胜利果实的途径。分析原因，女性解放的失败并非偶然。例如，卢梭、康德等人权启蒙哲学家对女性持有极大偏见。卢梭认为女性的心智永远停留在未成年人的阶段，他认为女性的心智一如自然所形成，是教育无法改变的。在男权社会中，女性被认为不具备完全的人格及独立思想，因此只能在男性的庇护下生存。此外，"无套裤汉"这一男性称呼极具男权色彩，在人们心目中，起义的英雄群体就是男性，女性则被完全忽略。自然而然地，在分享革命胜利果实的时候，女性群体没有得到特别的关注。

女性解放的失败让很多执笔的"亚马逊女战士"对法国革命做出了深思熟虑的回应，因此，女性主义者在这一时期纷纷涌现。文学上涌现了大批的女性主义作家，她们对男权社会进行了抨击，并对自己的从属处境进行了分析。玛丽·沃斯通克拉夫特是女性主义作家的先锋人物，她的女性主义代表作《女权辩护》于 1792 年出版。她挺身而出，"为我这个性别而非我这个人"大声疾呼。她在书中尽情批判了卢梭的女性观，表示对这位伟大的作家及启蒙运动家失望至极，甚至用"一派胡言"来形容卢梭对女性的认知。她认为："整个女性教育（社会教育）的意图是要使那些处境最好的妇女变得浪漫、轻浮，要使其余的妇女变得虚荣和卑鄙。"① 因此，她强调女性接受教育的重要性，注重强健体魄、锻炼心智的女性，通过经营家庭和修习各种美德，会成为她丈夫的朋友，而非卑微的依赖者。她指出，"女子气"是一种在阶级基础上人为构建的概念，女性由于从出生起缺乏教育的指引以及被教导重视美貌，而成为笼中的金丝雀。她们从出生起就开始学习如何成为女人，而像被塑造的女人与贫穷的人并非天生愚昧无知一样，女性也并非天生低人一等。尽管玛丽·沃斯通克拉夫特的一些女性主义观点在今天看来可能已经过时，但她的思维敏锐、文笔往往一针见血，她超前地意识到对童年的理解是任何自知的关键所在。

女权运动史上另一位不得不提到的领导性人物就是奥兰普·德古热（Olympe de Gouges）。奥兰普是法国大革命的支持者，她认为自己是受男权社会压迫的女性之一，她对大革命抱有幻想，《人权宣言》对女性的排斥让她大失所望。她发现这部宣言实际上是一部"男权宣言"，女性的地位和处境没有得到任何改善，而宣言中提到的任何平等也与女性无关。1791 年，她发表了《妇女和女性公民权利宣言》，她对照了《人权宣言》并清晰有力地宣布："女人生来自由，而且与男性平等。"她指出了即使漂亮的女人会得到很多的财富与追求者，但她们的处境比奴隶好不了多少。② 由于她激进的政治言论以及领导的女权运动，她最终被捕入狱，并于 1793 年被送上断头台。她死后两周，巴黎公社检察长对其他抱有幻想的女性发出威胁，称如果女性还妄想参与政治而丢弃了自己照顾家庭的天然职责，就会遭受同样的下场。

奥兰普的女权运动随着她的去世戛然而止，法国女性运动也随即沉寂了近百年。她们的处境越发糟糕，甚至在 1862 年被剥夺了离婚的权利，而

① 〔英〕玛丽·沃斯通克拉夫特：《女权辩护》合订本，王蓁译，商务印书馆，1995，第 107 页。

② 〔英〕玛格丽特·沃特斯：《女权主义简史》，朱刚、麻晓蓉译，外语教学与研究出版社，2013，第 196 页。

之前为之奋斗的受教育权、参与政治权利更是遥不可及。法国女权运动给予了世界各地受压迫女性极大的鼓励，接下来，美国、英国等地的女权运动轰轰烈烈地开展起来。此前积累的女性主义理论与奋斗目标也被后来的女权运动继承与发展。第一波女性主义运动的诉求主要是要求与男性拥有同等的教育权和选举权，这表明女性迫切希望走出家庭内部，参与到社会之中。

3. 性别对立的形成

两性天然具有一体性，人类进化的历史又使男女紧密相连。即使在阶级社会中，性别也始终保持着一元范畴，男性以自身价值去否定女性价值，但男性并未将女性放在对立面，女性也未将男性放在对立面。随着女性主义的觉醒，男性的权威受到了来自女性的挑战，男性对女性主义的崛起感到反感，而一些女性主义者也用女性价值来否定男性价值。"男人和女人不是两个不同的个体，而是一个个体的两个方面。"[1] 随着女性主义的出现，两性之间的矛盾对立冲突开始显现，随着女性主义发展的深入，这种对立冲突呈现加深的趋势，男女开始使性别对立起来，使性别拆分，男女成为两个对立的个体。

家庭作为社会的基本单位，妻子与丈夫、女儿与父亲、姐妹与兄弟之间都应当是利益共同体，但是家庭内部的不公平性将女性家庭成员利益最小化，甚至完全剥夺。例如，在当今中国的许多农村地区，如果有男性继承人，则外嫁女得不到父母房屋、土地的继承权利，甚至她的土地继承权都无法保障。社会性别关系很大一部分就蕴含在家庭之中，而男性则成为家庭性别的代言人。人类的生活形式从群居到氏族部落再到家庭，两性之间的交往关系也从群婚、对偶婚发展到最后的一夫一妻制，这表明人类向往稳定的性伴侣以及家庭，这也使两性之间的相互依赖关系变得更加紧密。由于家庭内部的平等在男权社会下往往被忽视，长时间的积怨让女性对照男性的生存环境来思考自己的从属地位，当这种思维意识产生时，男性在

---

① 〔法〕皮埃尔·勒鲁：《论平等》，王允道译，商务印书馆，2012，第49页。

女性的思维中首次成为"他者"。这种比较使女性把男性放在了对立面，她开始变得不再温顺听话，甚至开始批评男性引以为傲的性别，并开始赞扬自我性别特征。从男权社会起，性别就呈现阶级性，而阶级之间的跨越基本上是不可能实现的。当女性表现得不再温顺并进行反抗时，男性作为上层阶级表现出了愤怒并进行打压，正如阶级社会中，下层阶级对上层阶级的反抗会让上层阶级出动血腥的镇压力量。正如上述提到的，奥兰普·德古热的死并没有让男权者进行反思，反而激怒了男性统治者，他们运用特权剥夺了法国女性的离婚权利，以此警告那些"蠢蠢欲动"的女性主义者们。家庭一直以来都起到团结两性的作用，但随着社会的推进变革，尤其是在现代社会中，人们婚恋观念的改变和性的开放正在逐渐削弱家庭的团结作用，这也使两性之间的相互吸引力变得更加薄弱。

英国作家丽贝卡·韦斯特曾经说过："我本人始终就没能弄明白女权主义究竟是什么，我只知道无论什么时候，只要我表达出和逆来顺受的可怜虫或妓女不同的观点，人们就说我是女权主义者。"① 女性主义的主张在男权社会下显得"离经叛道"，在今天，女性主义依然会遭到很多人的抵制，两性之间的对立依然存在。

从"男子气概""女性气质""理性""感性"等性别术语中可以看到性别的对立和二元范畴。在女性主义流派中，一部分女性坚信用"女权"对抗"男权"、用性别对抗性别，才能彻底地解放女性，而男权者则认为女性要求平权的种种举动显得笨拙可笑，这反而使男性对女性的歧视进一步加深。性别的二元论所表达的概念其实是社会性别的二元论。通过语境、文化、风俗等将自然性别进行规范，规定人应当如何通过肢体习惯、语言、服装等表现得与生理性别相匹配，这种规范出来的性别具有塑造性的烙印。男性表现出来的"勇敢""阳刚""理性"等男性优秀特征使男性成为社会和家庭的领导者，而女性的"感性""细心"等特质则使女性往往要顺

---

① 〔英〕转引自玛格丽特·沃特斯《女权主义简史》，朱刚、麻晓蓉译，外语教学与研究出版社，2013，第 161 页。

从男性的领导。这种约定俗成的二元性别差异对社会性别分工也有着很大的影响，例如护工、教师、轻工业从业者往往都是女性，而政客、医生、领导群体绝大多数是男性。这种性别暗示实际上显示出男性对女性的性别歧视，性别二元论也是以男性为主导的男权社会压迫女性而形成的性别文化。而真正使这种性别二元对立达到高潮的是女性主义的崛起。玛丽·戴利（Mary Daly）是激进文化派女性主义者的代表，她在《超越神父》（*Beyond the Priest*）一书中，同时贬低传统的男性气质特征，表明在男权社会中，男权者以僵化的男性气质与女性气质为界限，将人类群体分为两个群体，男性作为主体将女性作为第二性来对待。在这种模式下，每一个男性都是"我"，而女性则成为"他者"。她同时也强调，如果想打破这种固定的思维模式，就应该将性别完全抹掉，人应该是雌雄同体的。

在传统的性别观念中，公共领域以及一些工作内容天然由男性从事，而女性则受制于传统性别观念，无法与男性共享公共领域以及一些岗位，甚至从事相同职业的女性的工资也要远远低于男性。以 1851 年的英国社会为例，在 600 万成年女性中，有 300 万人需要为生计而工作，但是社会拒绝女性进入公共领域，使她们受困于家务劳动者的角色，只能长期就业于非熟练的、无组织的、报酬很差的服务业和血汗行业中。正因为劳动力市场对女性劳动力的技术限制，女性劳动力持续处于低工资状态，比如她们的工资只是男性的 1/3 或 1/2，最高的也只有男性的 2/3。[①] 自由主义女性主义者呼吁通过对女性进行福利补偿的方式来打破这种局面，并且清除所有阻碍女性发展的社会经济与法律障碍。然而，针对性别差异强行补差的原则是损害公平的做法，这违背了女性主义者要求两性平等的核心思想。另外，在众多女性主义流派中，激进女性主义无论从理论上还是实践上都呈现一种爆裂、对抗的姿态。与自由派相比，激进派在一切组织和活动中排斥男性，"若让男子加入她们的小组活动，男子往往会控制讨论会，在场的妇女

---

① Pat Hudson, W. R. Le, *Women's Work and The Family Economy in Historical Perspective* (Manchester University, 1990), p. 125.

又成了从属分子，只能围绕男子感兴趣的问题发表意见"①。在实践上，激进女权者们发现排斥男性的做法有策略上的好处，例如一份激进女权主义杂志《第二年笔记》卖给妇女 50 美分，卖给男子则要一美元。② 虽然这样的做法让男性同样感受到了不公平待遇，但是这种以性别歧视对抗性别歧视的做法激化了两性之间的矛盾，而且也被冠以"恨男人"的帽子，一些新闻舆论也会对此进行曲解、嘲讽，一度使女权者、妇女解放等内容被冠以贬义。性别拆分使两性相互攻击且具有偏激性，两性各持的论点往往缺乏逻辑性，这不仅阻碍了两性平等的进程，还会衍生出一些偏激的思想。掺杂了私欲的女性主义使女性主义目标出现了动机偏移，削弱了女性主义的纯粹性，同时也减少了女性主义的支持者，使女性主义的道路变得漫长且曲折。性别拆分之后，加深了两性之间的矛盾与冲突，同时也容易使女性主义者寻求两性平等的初衷有所偏离。南希·哈特萨克（Nancy Hartsock）认为，过分强调女性内部差异将导致女性主义的毁灭。后现代女性主义希望女性能打破沉默，通过讲话和写作来克服二元对立，建立一个新的概念秩序。因为以往的写作中心都是以男性为首的阳具中心主义和理性中心主义，而女性的发声会为社会增添新的思想视角。未来的世界注定是多元化的，女性不必拘泥于"他者""边缘"等概念，探讨性别的多元性会解放女性于性别二元理论中，同时也可以打破比肩男性的固化思维，这为两性平等又打开了一个新的思想视角。

---

① 王政：《女性的崛起——当代美国的女权运动》，当代中国出版社，1995，第 125 页。
② 王政：《女性的崛起——当代美国的女权运动》，当代中国出版社，1995，第 125 页。

第二章　两性平等的内容与实践

法国大革命是世俗女性主义运动的开端，自那时起，女性一直在进行着平等复归的解放运动。在大众思想意识上，积极宣扬"男女平等"，在公民平等原则上，积极争取与男性平等的权利。关于两性平等与差异的讨论贯穿于三波女性主义解放运动中。① 这种动态演变不仅表明女性主义是一个动态实践的过程，同时也说明女性主义对"两性平等"的理解存在偏差，这导致在其思想指导下的实践也会偏离正常轨道。在实践方式上，女性将男性的一切（尤其是权利内容）作为自我解放的标杆，甚至一些激进的女权主义者希望建立起女权自信以推翻男权社会。马克思主义主张平等自由，但不是自由的无条件"最大化"。女性在解放过程中，出现了对"两性平等"内涵的误解，导致女性解放成为一种狭隘的权利解放，过分关注男性反而导致女性忽视了自身个体解放及本质复归在解放中的重要作用。

---

① 学者普遍认为，女性主义运动及其思潮分为三个发展阶段，即三波女性主义运动。第一波女性主义运动自 19 世纪下半叶至 20 世纪初，运动的焦点是要求性别——包括男女之间的生命全过程平等——也就是两性的平等，也要求女性的公民权、政治权利，反对贵族特权、一夫多妻制度，强调男女在智力上和能力上是没有区别的。最重要的目标是要争取家庭劳动与社会劳动等价、政治权利同值，这一阶段的运动往往被称为"女权运动"。第二波运动从 20 世纪六七十年代开始。人们认为，第二次妇女解放运动最早也起源于美国。这次运动一直持续到 80 年代。其基调是强调两性分工的自然性，并要求消除男女同工不同酬的现象；要求摒弃把两性差别看作是两性社会关系中女性附属于男性的基础的观点；要求各个领域对女性公众开放；等等。第三波女性主义运动自 20 世纪 90 年代延续至今。第三次女性主义运动带来的另外一个结果就是，性别研究、女性主义学术研究的兴起。因此，也出现了形形色色的女性主义流派。人们在父权意识形态中形成的概念使她们从男权的角度来描述这个世界，并且把这种描述混同于真理，认为是天经地义的。而新兴女权主义者则对这些人们习以为常的概念提出了挑战。尽管流派众多，但基本点是争取两性最终平权，彻底消除女性受歧视、剥削、压迫的现象，实现真正的女性解放。

一　运动与思潮的结合

女性主义由女权运动与女性主义思潮两部分内容组成，即理论与实践的结合。女性主义运动掀起了女性主义研究思潮，研究成果又反过来推动女性解放运动的发展。女性主义理论并不是静止不变的理论。随着运动经验的积累，女性主义者也在不断更新对两性平等的认识与理解，斗争纲领和诉求也随之不断变化。"平等与差异"的逻辑转变一直是西方女性主义思潮的核心内容。早期的女权运动要求与男性拥有权利上的平等，在斗争过程中，女性意识到两性之间的生理差异导致了两性之间的社会性别差异。在权利运动取得胜利后，女性依然遭受其他方面的歧视，因此，女性主义者们开始关注生理差异与社会性别差异等内涵，以期找到女性运动遇到挫折的原因和解决方案。从女权运动的发展来看，其发展历程呈现阶段性特征。女性解放运动发展的历史具有间隔性，呈现"波"状式发展，造成这种情况的原因是多方面的，其中女性主义自身的局限性和脆弱性是一个重要因素。随着女性主义理论的学术化和学院化以及世界多元化的发展，运动与思潮之间的联系不再像以前那样紧密，这导致了近现代的女权运动缺乏坚实的理论指导，难以取得重大突破，从而使女性解放运动进入了缓慢发展的阶段。

1. 女性主义思潮的多元性

女性主义思潮由众多的女性主义流派构成，而现存的女性主义流派就有 20 多个，其中包括自由主义女性主义、激进主义女性主义、马克思主义女性主义、精神分析和社会性别女性主义、存在主义女性主义、后现代女性主义、多元化与全球化女性主义、生态女性主义等著名流派。这些女性主义者们吸收了当代主流哲学思想，形成了各自独特的女性主义理念，使得女性主义思潮逐渐演变为学院派理论体系，并对传统理论进行了批判。女性视角丰富了学科内涵，女性主义已成为 21 世纪重要的系统性理论学科。

　　女性主义思潮起源于西方并在西方成熟发展，大多数流派也都发源于西方。经过两个多世纪的发展，女性主义形成了自己独有的特征。首先，女性主义不是一个静止的理论体系。随着两个多世纪以来社会意识和社会形态的变化，最初的女性主义理念和诉求已经无法适应现代女性的需求。面对不断变化的社会环境，女性主义的内容需要不断更新和丰富。现代社会生活的方方面面深刻影响着女性的生存环境，任何女性解放运动和思潮都无法避免受到社会生活的影响，其中既有积极因素也有消极因素。因此，剔除社会生活中不利于女性主义发展的因素也是解决当前女性主义发展难题的关键之一。

　　法国大革命之后，女性援引《人权宣言》，宣称女性与男性天生平等，应该享有与男性相同的权利。然而，在现实生活中，女性获得参与社会就业的机会并非完全通过女权运动争取而来，而是随着工业革命带来的机械化普及，两性之间体力劳动的差距逐渐缩小，再加上资本主义社会对底层民众的剥削以及商品经济对农业经济的冲击，女性为了家庭生计被迫参与到工业生产中。资产阶级出于剥削目的倾向于雇佣女性劳动力，尤其是已婚妇女，因为她们在生产同样产品的情况下只需支付较低的工资。马克思在《资本论》的一个注释中指出："'工厂主伊先生对我说，他只使用妇女来操纵他的机械织机，这是到处都可以看到的。他喜欢使用已婚的妇女，特别是必须养家糊口的妇女；这种妇女比未婚的妇女更专心更听话，她们不得不尽最大努力去取得必要的生活资料。'""美德，女性特有的美德，反而害了她们自己，她们的恭顺温柔的天性，竟成为使她们受奴役和受苦难的根源。"① 工厂恶劣的工作环境和繁重的工作任务严重损害了女性的健康，这促使马克思主义女性主义者深入研究两性劳动价值以及家务劳动价值等问题。女性主义者的诉求包括但不限于：工作条件必须有严格的法律保障、规定合理的日工作时间、保障女性工作安全、禁止职场性骚扰、同工同酬等。21世纪后半叶，世界各国进入相对稳定的发展阶段，经济快速发展，

---

① 《马克思恩格斯文集》第8卷，人民出版社，2009，第290页。

女性在生活和工作中逐步实现了与男性的形式平等。然而，当物质生活水平提升时，女性却发现精神层面的需求仍未得到满足，女性渴望在社会中实现自己的价值，并得到社会的认可。20 世纪 80 年代，女性主义者们开始注意到"传统学科——历史学、文学、人类学、社会学、经济学、心理学、哲学等只讲了半边故事"①。以往的文学、语言等都是以男性为第一视角而形成的，女性主义者倡导女性应该创作以女性为主角的作品，利用文化影响传统观念，通过语言改变女性的从属地位。时代的变迁、理论的局限和个人的认知限制使女性主义始终处于不断地探索和完善之中，而女性主义强大的变革能力表明这是一种充满生命力的思想潮流。

女性主义思潮并不具备统一性。女性主义从未有过一个统一的运动纲领与理论基础，并且不同流派之间的观念甚至是相互冲突的。例如，在后现代女性主义理论中，存在"唯本论"和"构成论"两个阵营。前者承认男女是两个相对立的性别范畴，她们运用结构主义来探讨女性解放的可能性；后者否认"男性"与"女性"的二元对立观念，认为两性平等是男权思维逻辑的延伸。女性主义研究学者们也非常重视对两性不平等起源的推演论证。众多流派通过借鉴不同的哲学思想来分析女性不平等的起源：马克思主义女性主义从阶级社会的产生以及生产力决定生产关系的角度认为，女性失去主权是因为女性在人类社会生产力变革的初期未能掌握生产力的主权，这最终导致女性失去了经济的独立性。存在主义女性主义则认为，两性不平等并非源于生理差异，而是由社会性别差异造成的。著名的存在主义女性主义著作《第二性》尖锐地指出："女性不是天生的，而是后天形成的。"② 存在主义者认为，在男权社会下，思维、风俗、话语等都将女性塑造成一个"女人应有的样子"，这个形象符合男性喜好，同时也是男权社会所能接受的；激进主义女性主义则认为，生育是使女性处于从属地位的最大"元凶"，激进自由派女性主义作家舒拉米斯·费尔斯通（Shulamith Firestone）

---

① 鲍晓兰：《西方女性主义研究评介》，生活·读书·新知三联书店，1995，第 1 页。
② 〔法〕西蒙娜·德·波伏娃：《第二性》合卷Ⅱ，郑克鲁译，上海译文出版社，2011，第 9 页。

曾强调："无论妇女在教育、法律和政治上获得了多少平等，无论有多少女人进入了公众行业，只要自然生育依然是常规的，那么对妇女来说，就没有发生任何改变。"[1] 女性只有实现生育自由，才能获得真正的解放。

女性主义本身具有一定局限性。通常所说的女性主义多指西方女性主义，这一称谓本身就揭示了其地域性和本土性特征。大多数女性主义学者以自身、本地区甚至是本国的女性处境来探讨女性的从属地位以及需要解决的女性实际问题，因此，通常一个女性主义理论难以覆盖所有女性问题。这场由西方白人女性倡导的女性主义并未得到全球受压迫女性的普遍认同。"姐妹团结力量大"曾经是 20 世纪六七十年代最流行的女权口号之一。但是无论是在当时还是后来，这句话都遭到了人们的质疑，有时候还备受争议。正如美国黑人诗人奥德里·洛德（Audre Lorde）在 1983 年所说的那样，这句口号掩饰了"种族、性别、阶级和年龄的差异……一味宣扬容忍女性之间差异的做法是最蹩脚的改良主义"[2]。1990 年 6 月，在美国召开的第 13 届全美女性联合会上，"有色人种"女性主义者集体离开了会场，以此抗议联合会长期由白人女性主导的现象。她们认为，白人女性的诉求不能代表所有女性，尤其是第三世界的女性，因为第三世界女性所面临的状况更为复杂和严峻。因此，在"有色人种"女性主义者看来，白人女性的倡导显得有些隔靴搔痒。尽管女性主义因地域等原因存在局限性，但这并不妨碍西方女性主义具有重要的参考价值，尤其是西方女性主义已经形成了系统、全面的理论体系，对于其他国家的女性主义具有重要的借鉴意义。

女性主义的不同流派之间的区分依据各有不同。首先，立论基础不同。自由主义女性主义思想基础源于自由主义的政治思潮。自由主义的政治思潮强调以人为本，认为一个公正的社会应该允许个人发挥自主性，女性也应该拥有选举权。选举权不仅能让女性表达自己的意见，还能促进政府公平公正地运作。马克思主义女性主义不仅吸收了马克思和恩格斯关于女性

---

[1] Shulamith Firestone, *The Dialectic of Sex* (New York: Bantam Books, 1970), p. 115.

[2] 转引自〔英〕玛格丽特·沃特斯《女权主义简史》，朱刚、麻晓蓉译，外语教学与研究出版社，2012，第 281 页。

解放的观点，还继承了他们的哲学思想。马克思主义女性主义者认为，女性不平等的地位并非源于性别歧视或阶级歧视，而是在资本主义社会和父权制度相互作用下产生的。生产力决定了生产关系，经济基础决定了上层建筑。长期以来，男性在生产力方面占据优势，女性因此失去了经济独立性，从而以男性为中心的社会制度得以建立。女性的家务劳动未被纳入社会生产的统计之中，因此家务劳动的价值被低估，这既是女性受压迫的表现，也是其原因之一。其次，不同流派对性别的认知也存在差异。性别经历了从单一到二元对立，再到多元并存的发展过程，女性主义者们并未停止对性别存在方式的讨论。激进女性主义提倡在社会性别问题上实现"雌雄同体"，即性别气质不应受限，两性之间应该互相学习，以打破社会性别差异带来的压迫。而后现代女性主义则侧重于"解构"性别，认为性别具有多元性，并主张人们应该拥有"自由的性选择"。她们对之前的女性主义观点持批判态度，认为过分强调性别差异可能会使女性主义成为男权思想的延续。最后，不同流派的诉求也各不相同。自由主义女性主义者要求社会公正公平地对待每位公民，坚持社会应当赋予两性同等的权利。选举权与受教育权是自由主义女性主义诉求的核心，她们希望在社会中拥有平等的竞争机会和平等的竞争规则，并要求这些权益得到法律保障。而激进女性主义则认为，试图通过改良父权制来实现两性平等是不可能的。现有的社会规则是由男性制定的，女性在父权社会体制下的解放是不彻底的。只有彻底推翻父权社会，建立新的社会秩序和两性关系，才能真正实现两性平等。

2. 平权运动的间隔性

妇女解放运动在形成大规模、大范围的运动之前往往表现为"各自为战"，而且不同时期、不同区域的女性所进行的妇女解放运动大多具有政治意义，可以说女性运动的发展得益于国际环境的变化。女性主义运动历史以时间节点为依据可被划分为三"波"，这种"波"状运动表明女性主义运动有高潮也有低谷。因此，总结女性解放运动的特点有助于分析其所存在的问题。

女性主义平权运动所表现出的特点有以下三点。第一，平权运动与社会历史背景紧密相连。在第一波女性主义运动出现之前，西方妇女就已经广泛参与到了各国的政治革命中，其中以英国资产阶级革命、法国大革命、美国独立战争最为突出。17 世纪以来，各种政治革命和思想启蒙运动给各国的政治和社会结构带来了重大变化，这种变革为女性走出传统家庭领域、参与公共政治领域提供了机会。1640 年英国革命爆发时，妇女们积极参与革命战斗，向议会提交请愿书，要求释放革命领袖，并在请愿书中表达了对政治、宗教、革命、经济等问题的看法和意见。此外，利用当时尚未明确规定性别限制的"旧制度"的漏洞，革命时期的妇女，特别是那些拥有地产的上层社会单身女性，直接参与了议员的选举。在 1775 年至 1783 年美国独立战争期间，殖民地妇女的独立性和反抗意识较强，美国妇女在革命中的表现比英国妇女更加彻底和激烈。战争中大量男性参军后，家务负担全部落在了女性肩上，女性不仅要应对失去经济来源和通货膨胀的问题，还要勇敢地发起起义以抗议物价飞涨。出于对革命的支持，不少女性涌入军营，无偿担任厨师、裁缝、护士等工作，有的甚至与丈夫一同参战。[①] 在美国独立战争期间，女性不仅为国家独立而战，也为争取女性解放而战。在战争过程中，北卡罗来纳州的 51 名妇女联名起草了《伊登顿声明》，声明中明确指出女性有权、有责任参与当地的政治活动，这是北美女性要求参政的最初尝试。相比之下，法国妇女参加革命的热情最为高涨。1789 年 7 月 14 日，妇女们拿起武器，加入了攻克巴士底狱的队伍，巴黎革命和市镇革命的胜利为法国妇女参与政治提供了平台。她们开始创办报刊，印刷小册子，发表演讲，并旁听议会辩论等。由于通货膨胀，面包价格上涨，巴黎妇女发起了"面包暴动"，与国王的禁卫军发生了流血冲突。在接下来的法国大革命及其他重要历史事件中，女性同样积极参与战斗，推动革命进程，形成了拥有共同利益和愿望的社会群体，这在妇女运动史上是一项伟大的创举。

女性主义的平权运动的第二个显著特点是其间隔性。女性解放运动的

---

① 牧欣：《独立战争与美国早期妇女运动》，《中国妇运》2010 年第 4 期。

历史被划分为三个阶段（称为"波"），用"波"而非"次"来描述女性平权运动是因为在形成大规模运动时，会在特定的时间节点上出现高潮，随后因各种原因出现低谷，但女性平权运动从未真正中断过。导致这种情况出现的原因是多方面的。在第一波女性主义运动出现之前，西方部分国家的女性就已经积极参与政治革命，尽管女性在公共领域活动的同时，平权意识已觉醒，但各国妇女的运动大多是为了反抗阶级压迫或争取解放，并非专门针对男女平权。而且，在革命中，妇女的角色通常是男性的追随者，这决定了政治革命本身并不能消除女性作为"第二性"的事实。19 世纪中后期，随着女性自我意识的觉醒，女权主义者自发创建妇女组织、出版报刊，一批女性主义学者也纷纷著书表达对男女平等的诉求。1848 年，美国召开了第一届妇女权利大会，标志着有组织的女权运动的开始，英、法等国女性主义者也相继发动女权运动，这标志着第一波女权运动的全面展开。然而，女性解放运动的平权诉求并非一帆风顺。女性的利益往往被家庭利益所掩盖，英国学者詹姆斯·密尔（James Mill）就认为"一个受尊重的英国男人的利益与他的妻子的利益是一致的"[①]，因此给予妇女选举权没有必要。直到 1914 年，英国女性才获得政治选举权，此后西方其他国家也陆续赋予了女性选举权，从而使女性拥有了政治参与的权利。通过女性平权运动的斗争，各国也陆续赋予女性同等的受教育权、自由工作的权利、财产继承权等。第一波女性解放运动持续到 20 世纪初，运动浪潮逐渐退去。原因在于第一波女性主义运动的参与者主要是西方白人中产阶级女性，参与者的阶级属性导致运动诉求具有局限性。例如，选举权和教育权成为核心内容是因为它们与中产阶级女性的利益密切相关。虽然此波平权运动的范围广泛，但阶段性、局部性目标的实现满足了白人中产阶级女性的阶段性利益，使她们暂时停止了进一步的革命行动。此外，此次平权运动过于温和，也体现了革命的不彻底性，这暴露出女权运动领导者们的革命意识

---

① 〔英〕安东尼·阿巴拉斯特：《西方自由主义的兴衰》，曹海军译，吉林人民出版社，2004，第 353 页。

不足。20 世纪 60 年代，第二波女性运动兴起。两次世界大战后，世界各国和女性的生存状况发生了巨大变化。由于战争导致男性劳动力短缺，女性作为替代力量大量进入劳动力市场，出现了大规模的女性就业现象。女性进入公共领域，直接推动了第二波女性解放运动走向高潮。恩格斯曾说："妇女解放的第一个先决条件就是一切女性重新回到公共的事业中去；而要达到这一点，又要求消除个体家庭作为社会的经济单位的属性。"① 女性在家庭和社会中扮演着重要角色，但没有获得相应的地位，这种矛盾使女性迫切希望改变传统性别角色分工模式，这也是女权意识觉醒的需求。在波伏娃、贝蒂·弗里丹等著名女性主义学者的影响下，第二波女性主义运动在美国达到高潮，受到美国的影响，西欧等地区的女权运动也迅速兴起，参政运动的扩大成为第二波女性主义运动的核心内容。第二波参政运动比第一波的选举运动更为彻底和全面，同时在堕胎合法化，改变传统的性别就业模式，提高女性在较高层次职业如律师、医生等中的就业比例等方面，也取得了突破性进展。第二波女性主义运动在 20 世纪 70 年代末期进入低潮阶段，此次运动波及范围更广，第三世界的女性也逐渐加入了女性平权运动的浪潮。进入 21 世纪，世界呈现多元化发展趋势，在新的环境下女性仍面临性别歧视。表面上，女性获得了形式上的平等，例如平等就业权利。但实际上，行业中的隐形性别歧视依然根深蒂固。同时，后现代主义、全球化主义的兴起为女性主义研究学者提供了多元化的性别研究视角，这使得女性主义研究进入了学科化阶段。尽管深层次的理论研究使理论对实际的女性解放运动的影响减弱，但女性主义平权运动的趋势并未受到影响，各地区的女性运动反而变得更加成熟和全面。对于第三波女性主义运动的时间界定存在不同的看法，多数学者倾向于认为它始于 20 世纪 90 年代并持续至今。近 30 年来，世界范围内的女性解放运动声势浩大，跨区域影响明显。例如，由美国好莱坞女性发起的"Me Too"运动不仅影响了影视界，还在政界、学术界、文化界等各个领域引发了关于性骚扰、性侵犯事件的

---

① 《马克思恩格斯选集》第 4 卷，人民出版社，2012，第 85 页。

广泛讨论。这场运动很快在全球范围内引起了广泛响应，比如韩国女性在2018 年开始进行了多次大规模的抗议活动。

女性主义平权运动的第三个显著特点是参与主体的广泛性。女性主义思潮与运动如同星星之火，迅速从西方蔓延至全世界。从地域范围上看，女性主义运动得到了全世界范围内受压迫的女性的支持。英国、法国和美国的妇女率先积极投身于妇女解放运动。受到西方妇女解放运动的影响，妇女解放运动迅速在全球范围内展开，并形成了有组织的妇女团体。联合国的成立进一步加强了各国妇女解放运动之间的联系。1975 年，联合国在墨西哥城召开了国际妇女联合大会，全球的女性主义者齐聚一堂。"第三世界"最初是一个地理概念，指的是亚洲、非洲、拉丁美洲以及加勒比海地区的国家，后来泛指受到西方发达国家剥削、经济欠发达的国家和地区。这些地区的女性在近年来的女权运动中表现得尤为活跃，因为"第三世界妇女"面临的问题更为复杂严峻。与西方白人中产阶级女性的处境相比，"第三世界妇女"受到宗教、风俗、传统等因素的影响，甚至连基本的人身权利都无法得到保障。例如，在非洲的一些地区，为了控制女性的性行为而实施非人道的"割礼"，对女性的身体造成伤害。在中国的女性解放事业中，一些男性群体成为女性解放的推动者。19 世纪末至 20 世纪初，中国男性中的女权启蒙思想者普遍怀有民族存亡的危机感。以梁启超为代表的中国先进知识分子认为，国家经济是国家的命脉，拯救经济就是拯救民族。他认为女性作为人口的一半无法为经济作出贡献，并且女性的愚昧是社会的弊病。他在《论女学》中写道："女子两万万，全属分利，而无一生利者。惟其不能自养，而待养于他人也，故男子以犬马奴隶畜之，于是妇人极苦。"① 他提倡发展女学的目的是改变女性的生存现状，让她们成为民族复兴的一部分。这表明在女性主义事业中，也有一部分男性给予了支持。在西方国家，也存在一些进步的男性认为应当为女性争取同等的权利和地位。19 世纪后期，女权组织逐渐成立，它们吸纳了一些男性加入运动，甚

① 梁启超：《论学校六：女学（变法通议三之六）》，载《时务报》第二、三册，1897。

至有些男性成为组织的领导者。19 世纪最著名的两篇女权辩护文章都是由男性撰写——威廉·汤普森和约翰·斯图尔特·穆勒的作品。1825 年，汤普森出版了《人类的一半女人对人类的另一半男人得以维护政治奴隶制以至公民和家庭奴隶制的权利的控诉》。他认为女性应当就教育、公民权利、政治权利等提出自己的要求，并且认为女性的解放最终会使男性受益。1869 年，穆勒出版了《妇女的屈从地位》一书，在书中他批评了现有的两性关系并非自然的结果，并且在 1866 年将第一份选举请愿书递交给了议会，提议对 1867 年通过的《改革法案》作出有利于女性的修正。女权解放的三波运动声势浩大、特点鲜明，并且取得了显著成就。然而，现存的女性主义核心内容并未能完全消除性别歧视、实现女性解放，因此不能轻易宣布成功。在这个过程中，女性自身的局限性、脆弱性以及革命的不彻底性使得运动具有严重的依赖性，而对现实的过度依赖又不可避免地导致被异化的现实生活内容所渗透。女性主义对两性平等内涵的理解在不断更新的过程中，由于受到现实生活异化等因素的影响，研究者以及普通民众对平等内涵的理解也产生了异化。这进一步证明了女性主义不应局限于自身，而应当将解放范围扩大至全人类，将两性平等置于人类平等的内涵之中，将女性解放置于人类解放之下，以全局性和长远的眼光去衡量两性平等问题。

3. 运动与思潮的相互作用

妇女平权运动与女性主义思潮相结合，促进了女性主义的蓬勃发展，运动与思潮的结合也诠释了理论与实践的关系。平等思潮启蒙了女性主义运动，妇女在运动中结合实际情况衍生出了众多女性主义理论，这使得运动与思潮不仅紧密结合，而且相互作用。随着女性主义理论向着更加精细化和学院化方向发展，出现了理论脱离实际问题的现象。一些女性主义理论自说自话制造出的新意识形态需要学者们去"解构"。

16～17 世纪以来的文艺复兴运动及思想启蒙运动为欧洲带来了新的思潮。妇女在新思潮的感召下自我意识增强，特别是启蒙运动以来，欧洲上流社会女性开始突破传统的道德和行为模式，注重追求自我真实情感的表达以及自我价值的实现。17世纪法国巴黎流行的"沙龙"是由贵族女性领导的文学和艺术品鉴会，女性在沙龙中高谈阔论，表达自己对文学、艺术的见解。哈贝马斯所讲的资产阶级公共领域的最初形式——文学公共领域，正是这些沙龙。18世纪沙龙的形式与内容发生了转变，而女性在这些转变中发挥了重要作用。沙龙逐渐成为批判文学和政治的中心，女性们在沙龙中表现出了参政的热情，这也为法国大革命中女性积极参与革命奠定了基础。在英国革命期间，一些贵族女性通过向议会提交请愿书、旁听议会等形式表达了自己希望参与公共政治领域的愿望。美国妇女积极投身革命，希望通过自己的努力实现民族独立并推翻阶级压迫，以获得自由。上述女性的各种表现均受到了自由政治思潮的影响，这直接导致了接下来的妇女平权运动是以政治自由为核心进行的。18~19世纪开始，女权主义思潮正式开始出现，一大批呼吁两性平等的女权主义者及著作涌现。玛丽·沃斯通克拉夫特在著作《女权辩护》中写道："要使她们成为可尊敬的人，就必须运用她们的理智，此外没有其他东西可以作为独立性格的基础；我的意思直截了当地说就是，她们只应该向理性的权威低头，而不能成为舆论的谦卑的奴隶。"[1] 她认为，两性天生就是平等的，所谓的差异是后天形成的，是社会向孩童灌输了妇女是柔弱的、应当从属于男性这样的观念。因此，她强调女性受教育的重要性，认为女性通过教育会实现独立，从而实现平等。19世纪著名的女权主义作家约翰·穆勒认为，女性仍受到男性的压迫是社会制度和政治安排的结果，因此他特别强调女性拥有选举权的重要性。女权主义者们在这一时期著书立说，两性平权的内容进一步拓展到平等就业权、财产继承权等方面，大力宣扬两性平等。拥有了理论基础后，19世纪下半叶到20世纪初爆发了女性主义的第一波运动，而这次运动的核心是争取平等的政治权利。她们建立了妇女组织，筹建慈善机构，帮助遇到困难的女性维权，同时用游行、施压、抗议等方式为女性争取平等的政治权、经济权、教育权等。

　　20世纪上半叶，对整个世界来说是一个动荡的时期，两次世界大战的

---

① 〔英〕玛丽·沃斯通克拉夫特：《女权辩护》合订本，王蓁译，商务印书馆，1995，第72页。

影响使得社会结构与人们意识发生了巨大变化。对于战争中的妇女而言，这是一次从家庭走向社会的机会。随着战争规模的扩大，人民的民族意识逐渐觉醒，丈夫、儿子等男性社会角色纷纷被卷入战争。由于生产力短缺，女性被迫进入昔日由男性所垄断的职业领域。在第二次世界大战期间，美国青壮年男性加入到战场之中，这导致传统的工业领域，尤其是重工业，出现人力短缺的现象。为了缓解压力，数千万的美国女性走向传统男性岗位。当时美国的劳动部妇女局长玛丽·安德森说："几乎在一夜之间，工业家们把妇女重新归了类，无足轻重的妇女劳动力一下子成了军火制造业的主要劳动力来源。"从 1941 年到 1945 年，美国有 650 万妇女进入劳动力市场，妇女就业增长率为 57%。① 妇女在工作中的出色表现以及对战争的物质支持使女性获得了主流社会的认可，从而促使女性意识进一步觉醒，社会巨变催生了战后时代的"新女性"。弗洛伊德观念的广泛传播使女性们开始注重"性爱解放"，在性爱和生育观上，大部分妇女认为恋爱自由是妇女自我发展的本质所在。以往按照男性意图塑造的女性行为规范及道德观念受到了女性的质疑，新女性们向往个人自由至上，力求冲破传统的性别规范，彰显自我。1922 年，维克多·玛格丽特的小说《女公子》中的女主人公是一位穿着时尚、大胆的女孩，她拥有高等教育经历，并且找到了一份满意的工作，行为举止非常男性化，并且靠自己的能力抚养一个孩子。这种独立、自信的女性形象深受欧洲人的喜爱。女性大量涌入市场，使男性职工感受到了压力和威胁，男性职工对职场女性表现出仇视和敌对情绪，工作竞争导致了新的性别冲突，因此出现了短暂的女性回归家庭的现象。但是，觉醒的意识已经萌芽，加之社会生产力的发展已经成熟到要求女性步入社会，新一轮女性运动即将爆发。20 世纪 60 年代开始，第二波女性主义运动爆发，这波运动以美国为发源地和中心。此时的美国经历了黑人民权斗争，参与斗争的女性在过程这一过程中受到启发，开始对抗在社会公共领域中

① 查夫：《美国妇女：变化中的社会、经济和政治角色（1920～1970）》，牛津大学出版社，1972，第 136～137 页。

受到的歧视，尤其是职场中的性别歧视。同时，新左派运动和反主流文化等大规模的群众运动也为第二波女性主义运动创造了条件，这证明了任何运动的兴起都离不开理论的启蒙和舆论上的先导。西方女性在第一波运动之后取得了极大成就，但是女性主义者们发现权利平等的实现只是改善了一些女性的生存环境，而男女平等、解放女性、消除男权等核心问题并没有得到根本解决。女性并未真正获得解放，仍然处于男权社会之下。一些女性认为需要打破男权范式下的"男女平等"观念，用女性意识去思考，才能真正获得解放。西蒙娜·德·波伏娃是这一时期最伟大的女性主义学者之一，她的著作《第二性》一经问世便获得了极大反响。她就女性何以成为"第二性"给出了深刻论证，强调女性应当拥有自我独立意识，并在历史进程中实现自我价值，唯有如此才能摆脱自己"第二性"的身份。另一位女性主义领袖贝蒂·弗里丹不仅是女权主义理论家，更是第二波女权运动中著名的运动领袖。在她的倡导下，美国全国妇女组织（NOW）成立，并利用政治制度及法律制度将女性引入主流社会，推动实现两性平等。该组织人员迅速壮大，在各地的支部数量从 1967 年的 14 个增加到 1974 年的 700 多个，组织成员从 1000 名增加到 4 万名。[1] 她们为了实现目标开展了一系列活动：组织人员向国会和州议会请愿，推动女性权益保护立法；向政府、企业施压，要求给予妇女重要岗位等。她们采取了罢工、罢课、游行示威、法院诉讼、媒体披露等多种方式，并最终取得了可观的效果。1967年，约翰逊总统签署行政令规定雇用人员时禁止性别歧视，纽约市长宣布 8月 26 日为"妇女解放日"。[2] 与第一波女权运动相比，第二波女权运动带有更多元的理论色彩，斗争的内容也更加细化和深入，这表明女性主义运动正趋于成熟。

20 世纪八九十年代之后兴起的女性主义思潮表现得更加体系化和学院派化。后现代女性主义等思潮的兴起对以往的女性主义流派发起了冲击。

---

[1] 王政：《女性的崛起——当代美国的女权运动》，当代中国出版社，1995，第 122 页。
[2] 王政：《女性的崛起——当代美国的女权运动》，当代中国出版社，1995，第 118 页。

后现代女性主义旨在打破"逻各斯中心主义"和"消解语言中心主义"，强调要消解性别二元对立模式，并在语境中创立女性主义话语。后现代女性主义强调女性生活在男权社会之下，而性别二元对立会将女性自动置于男性的"他者"地位。她们将通过瓦解性别二元对立模式来解构父权制建立的象征秩序。如果女性不太重视自己在历史文献中的边缘地位，也就意味着女性没有进入主流社会的权利。话语即权利的理论使后现代女性主义者意识到，人们作为社会存在物进入社会秩序就是进入了话语的权利系统，因此后现代女性主义学者主张创立女性语境和文化内容，使自己得以进入权力中心。后现代女性主义理论思维方式独特，不同于以往任何女性主义学派的思维方式。然而，后现代女性主义理论晦涩难懂，其抽象的思维方式难以与女性所面临的实际问题产生直接联系，尤其对于第三世界女性所面临的实际问题，如温饱问题、健康问题等，给予不了直接帮助，这也导致了理论与实际的脱离。这股思潮的兴起与发展当然也离不开西方主流哲学思潮的影响，这也再次证明了地域化差异对女性主义理论产生的局限。

二　"男女平等"的诉求

女性主义平权运动更加贴近女性的现实生活，其斗争的内容基于女性生存环境中最直观的问题而提出。妇女解放运动的内容就是"男女平等"，而妇女解放运动本身就是在实践"两性平等"的内涵。在女性解放运动中，诉求领域对女性来说是全新的，如政治权利、教育权利、平等就业权利等，并且绝大部分内容引导女性走向公共领域。这表明女性希望参与到生活的各个领域，在这些领域的涉足既是对女性权利的复归，也是女性实现自我价值、确立自我主体性的重要途径。

1. 政治平等

在探讨人类解放时，马克思主义认为，人类解放将是一个多层次、多领域的解放过程，而政治解放则是人类解放的首要任务。女性主义者所要求的政治平等包含两个方面内容：一方面是拥有与男性平等的选举权与被选举权，另一方面是妇女能够积极地参与政治。在女性主义的第一波和第二波运动中，争取政治权利的平等是运动的核心内容，而女性将政治权利的平等放在首位，这有其自身的历史根源。

女性的命运与民族历史、国家兴亡紧密相连。在法国大革命、美国独立战争、英国革命中，女性的民族意识觉醒，她们积极投身革命浪潮。在革命中，女性对国家和战争作出的贡献不仅让她们获得了社会的认可，同时也实现了自我价值。在自我价值实现的过程中，女性逐渐脱离了男性的监护，成为独立自主的人成为可能。在波伏娃的《第二性》中，波伏娃形容男性通过劳动创造了价值，"人们用节日和欢呼迎接他的成功；男人在其中看到自己作为人的价值"①。男性在大家的欢呼声中得到了自我认可，同样地，战争中的女性通过各种奉献也获得了价值认可，这种认可既来自自我，也来自他人。然而，在革命后胜利果实的分配中，女性却被自动排除在外，这深深地伤害了女性获得的价值认可。此时，已经确立了自我价值的女性有能力为自身的悲惨处境发动一场解放运动。结合自身处境，女性主义学者和女权运动家们认为，妇女之所以依然处于从属地位，是因为权力中心一直由男性主导，而女性则被圈禁在家庭私人领域中。如果女性能参与到政治领域中，她们可以通过合理且正当的方式为女性不平等的境遇发声并进行纠正。拥有选举权与被选举权不仅能自由地选举领导者，也能给予女性参政的机会。女性的参政意愿早在革命前就已经显现，如在法国流行的家庭沙龙中，女性纷纷发表政治意见。在英国革命前，一些有地位、有财富的女性甚至可以旁听议会等。世界经历了两次世界大战，而战争对女性来说又是一个步入社会的催化剂。随着战后新秩序的建立，女性逐渐进入了传统男性工作的领域，并且女性在婚姻、家庭、生育以及性等方面的思想观念发生了转变，使女性冲破了传统的女性规范，彰显了自我个性

① 〔法〕西蒙娜·德·波伏娃：《第二性》合卷Ⅰ，郑克鲁译，上海译文出版社，2011，第90页。

与价值。女性希望自我的身份被认同、价值被认可，发挥女性在社会中的价值，因此女性不再满足于仅仅是投票、选举，而是要参政、议政并在政治结构中占据要职，以此彰显自己的政治影响力。

在第一波女权运动中，各个国家的斗争目标基本一致，即争取男女平权。而政治选举权是斗争的首要目标。以英国为例，1866 年 6 月 6 日，身为议员且代表妇女的约翰·斯图亚特·密尔（John Stuart Mill）向国会提交了由妇女联合签名的请愿书，希望能够拥有议会选举权。直到 1928 年 7 月 2 日，英国妇女才最终获得了与男性平等的选举权。[①] 英国妇女经过了 60 多年的不间断斗争才最终获得了选举权，这说明女性平权运动受到的阻力非常大。因此，妇女们利用了 1867 年改革法案的内容作为核心诉求，在改革法案发布之后的大选中，妇女以私人提案的形式为自己争取权利，例如询问候选人当选后是否会支持妇女选举权。同时，进行舆论宣传也是另一项重要的工作。妇女们必须扭转男权社会下人们固定的性别角色思维，因为妇女选举权运动在当时的社会环境下显得"激进"，所以不仅受到了男性的反对和阻挠，就连一些进步女性也敬而远之，例如南丁格尔与韦伯夫人就拒绝参加妇女选举权运动。同时，欧美各国的妇女选举权运动也在不同程度地推进中。法国的选举权运动显得格外漫长和曲折，1791 年就开始强调妇女应当拥有选举权，可是直到 1944 年才获得了选举权。北欧的芬兰（1906年）、挪威（1913 年）、丹麦（1915 年）、冰岛（1915 年）的妇女获得了参政权。奥地利（1918 年）、爱尔兰（1918 年）、德国（1919 年）、卢森堡（1919年）、荷兰（1919 年）的妇女也相继获得了政治选举权。紧接着，世界各国的妇女基本上均获得了完整的选举权以及参政权利。女性的政治参与愿望在世界范围内获得了成功。

显然，获得选举权只是妇女参政的敲门砖，而接下来的妇女政治平权运动则以参政、议政为核心。虽然妇女在法律上获得了与男性平等的选举

---

① 〔英〕玛格丽特·沃特斯：《女权主义简史》，朱刚、麻晓蓉译，外语教学与研究出版社，2013，第 208 页。

权利，但是现实中的政治环境仍然存在着严重的性别歧视，这严重阻碍了女性在政治方面的进一步发展。美国在 1920 年赋予了女性选举权，但在随后的 40 年里，美国女性并没有在政治中彰显出足够的影响力，女性仍然处于政治边缘的状态。例如，女性职员人数占比很小，要职部门以及领导层依然以男性为主，女性仍然是听从、执行的角色。20 世纪 60 年代爆发的第二波女性主义运动激发了女性参政、议政的热情。20 世纪 70 年代和 80 年代的美国女性积极谋求政治职位，参加选举，在政治中发表重要言论，她们呼吁将保护女性权益的条款写进民主党总统竞选纲领中。争取堕胎权是整个美国女权运动的核心议题。美国政府制定法律禁止堕胎是 19 世纪下半叶的事情，直到 1973 年美国最高法院裁定美国妇女获得堕胎权。而在整个斗争中，美国民众尤其妇女对美国的医疗制度进行了抨击。从 19 世纪下半叶开始，医生在美国成为男性职业，直到 20 世纪 70 年代，全国 93% 的医生还是男性，97% 的妇产科医生是男性。[1] 女权主义者认为，男性操控整个美国医疗制度，而争取堕胎权的很大阻力来自医生群体，妇女在堕胎权利上饱经痛苦是由于男性控制医疗制度，以此对女性的权利进行剥削。而西欧等国家的女性也有着和美国女性同样的遭遇。1979 年的欧洲议会中，198 名议员中只有 10 名是女性。随着妇女不断地抗议，欧盟将"增加妇女在决策中的发言权以维持一个更平衡的社会"作为自己的追求目标。[2] 正是因为这样的相互作用，议会作出了不少保护妇女权益的决定。女性在政府职员中的比例一直是西方女权主义者们的关注点。法国在 2000 年提出的宪法修正案要求候选人名单上应该拥有同等数量的男、女候选人，违反者将处以罚金。但这种行为遭到了反对女权主义者以及其他女性主义流派的抵制。这些人称这种行为本身是违背公平竞争原则的，强制性的平等原则会因为性别差异损害有能力、能胜任工作岗位的人的公平竞争权利，而相对资质较差的人会因为性别优势而成功进位。这与女性主义所倡导的两性平等原则

---

① 王政：《女性的崛起——当代美国的女权运动》，当代中国出版社，1995，第 167 页。

② 曾一丹、杨友孙：《欧盟推动女性政治参与的政策及其实施》，《中华女子学院学报》2022 年第 2 期。

实际上是相违背的，这种平等凌驾于别人的权利之上，侵害了他人的利益，实际上是另一种剥削与霸凌。女性应当通过正当的、合法的、理性的行为为自己赢得平等权益。

2. 教育平等

研究中、西方的女性主义发展历史，除了政治诉求外，要求女性拥有平等的教育权的呼声甚高。以中国封建社会及西方封建贵族社会为例，中产、贵族阶级会为自己的女儿授课，学习限定的内容，并且采用的是私人的教学方式。我国封建社会，例如宋、清朝代，权势人家会聘请当地甚至是全国有名的教书先生为本家庭内、族内的适龄儿童授课，一般女童也参与学习，待达到需区分男女的阶段时，女童就退出学堂，不能与自己的男性表亲等一同学习。而此时女孩一般已具备识文断字的能力，优秀者可以作诗赋词。之后女孩的学习从形式到内容都会区别于男孩。意识形态上辅以《女诫》《女训》等女性书籍进行封建思想渗透。另外，条件允许的家庭，会请经验丰富的年长女仆为女孩们传授女性礼仪、学习女红。如果经济条件不允许，则母亲会成为这一方面的老师，将技术与经验传授给自己的女儿。

西方传统的女性教育方式与中国极为相似。在 19 世纪中期以前，西方中产阶级家庭及以上的女儿们也接受一些基础的教育。以西方中产阶级家庭为例，女孩的授课形式是私人的，并且授课场所设在家庭，所学内容也是一些基础知识，并且辅以符合上流社会、具有女性气质的爱好与特长。当然，这些内容都是区别于男性的。西方的哲学家与医学家们也纷纷发表言论，称女性不具备完全学习的能力，而女性拥有智慧与才干将是危险的。[①] 1873 年，哈佛大学的医生爱德华·克拉克出版了《教育中的性别：女孩子的公平机会》一书，他强调由于男女生理结构不同，所以应当区分男女的教育方式。如果女性读书过多，尤其是经期女性，就会迫使血液从卵巢流向大脑，这不仅影响妇女的身体健康，还可能影响她们生出健康的婴

---

① 如亚里士多德、叔本华，卢梭等都认为，女性区别于男性，女性的学习内容及职业选择等都是有限的。

儿。① 西方的哲学家们认为女人不具备理性，感性支配着她们的行为和认知，他们同时认为只有男性才具有理性这一特质，而知识是纯粹的理性，所以女性不能享有与男性平等的教育权利。

经历了两次世界大战的西方女性，逐渐实现了从私人领域走向公共领域的转变。随着工业化的进一步推进，社会要求从业者必须拥有基础教育，职业女性以及期望进入职场的女性急需补充知识。一个成熟的条件是资本主义社会拥有了提供基础教育的经济实力。于是，西方各国在 19 世纪中后期先后颁布义务教育法，规定女性享有同等接受初等教育的权利。但是，同等的初等教育权并不是教育平权，绝大多数女性的教育程度止步于初等教育。这些女性只会简单地读写以及计算，这不仅缩小了女性就职的范围，也将女性排除在重要岗位及权力机关之外。

教育平权与政治平权有重要的关系，这也是教育平权成为 19 世纪女性平权运动最重要内容之一的原因。女性主义运动者们认为，参与政治才能更好地提升女性地位，为女性发声，而接受教育则是从政的重要途径。女性必须拥有与男性同等的教育水平，才能与男性一起竞争政府职位。从意识觉醒的角度出发，先进女性希望通过职业实现自我价值，而简单、基础的工作内容并不能满足女性对职业的追求。更加专业化、高级别的社会工作岗位也是女性所追求的，所以西方的女性们一直没有放弃争取与男子平等的教育权利。西方女性从实践和舆论上身体力行地为女性争取平等的教育权，而女性的中等、高等教育则是重中之重。中产阶级的白人女性是平权先锋，她们热衷慈善，为了帮助社会底层、穷苦人家的女儿有一技之长，她们开办了一些女子职业培训学校，由富人女性义务授课。她们教授年轻的妇女和儿童简单的计算、书写、编织以及缝补。这些简单的培训实施起来比较方便，但是创办女子学校以及说服中、高等教育学校招收女生却遇到了一定的阻力。19 世纪 60 年代之后，妇女的中、高等教育问题以及就业问题成为西方各国女权运动的中心议题。

由于受传统观念影响，社会不接受女子与男子同时进入学校学习，尤其

---

① 转引自顾明远《妇女教育》，吉林教育出版社，2000，第 128 页。

是成年女子。经过女权主义者的不断努力，社会逐渐接了女子学习的形式，即专门为女子创办学校。法国在 1850 年规定，每个拥有 800 居民的市镇必须建立一所女子小学，直到 1867 年，这一数值缩小到 500 居民的市镇。1882 年，法国实现了小学义务教育，并且面向所有男童和女童。1880 年，法国确立了女子中等教育体系，从此法国女子被允许接受正规的中等教育。这项法令是法国女子教育平权运动的里程碑，同时也为欧洲女子教育平权运动树立了榜样。截至 1900 年，法国有 24 所学校接受女子入学，这意味着女子教育从单独教育形式转入了社会化中。19 世纪 80 年代开始，法国一些大学也开始向女子开放。至此，法国女性在争取中、高等教育权方面的斗争取得了基本的胜利，但是由于历史传统和经济发展等原因，女性实现真正的教育平权还有很长的路要走。

英国的妇女教育平权运动与法国有极大的相似之处，同时又具有其自身的特点。英国中产阶级、贵族阶级会聘用家庭女教师为女孩授课，因此家庭女教师成为英国上流社会中的一种职业，而从业者必须拥有中、高等的学习水平。为了培养素质更高、学科更全面的家庭女教师，针对此项内容的女子学校陆续开办。但是，英国女子教育平权运动取得实质性的进展还要得益于埃米莉·戴维森（Emily Davison）[1] 的努力。1865 年，英国政府着手调查全国中等教育情况，但调查对象仅为男性。埃米莉·戴维森不断地游说和施压，终于使调查组同意将女性纳入调查范围之内。调查后，调查组向政府作了报告，首次承认女子与男子拥有同等学习的能力，并建议国家重视女性教育。在随后的日子里，英国政府和社会对女性教育的观念不断转变，并且逐渐为女性配备了同等的教育资源。第一次世界大战爆发后，英国 17~47 岁的男性绝大多数参与战争，导致社会中有上万个岗位空缺只能由妇女填补。英国政府迫于压力于 1918 年赋予了妇女选举权，同时逐渐解除了大学不得接受女子入学的限制。西方国家的女权运动进程基本相同，其他国家陆续地赋予了女性平等的教育权利，中等、高等教育学校

---

[1]　埃米莉·戴维森（1830~1913），英国著名女权主义者、教育改革家。1913 年 6 月 4 日，为了在马赛场上宣扬女性选举权运动，她所乘坐的马匹冲进赛场，与国王的马匹相撞，结果重伤死于医院。

均向女性开放，并且授予合格女学生文凭证书。而一时兴起的女子学院也随着学校对女性的全面开放而逐渐消失。

相对于西方国家的教育平权运动，中国的教育平权完全是另外一番景象。中国的女性主义运动是在革命情境下进行的，是革命者领导下的革命工具的一部分。从晚清以来，国人的救亡意识与忧患意识成为未来重大社会变革的助推器，而在我国宣扬女性解放、鼓励女性学习、工作的女权主义者也是出于"国家兴亡，匹夫有责"的伟大爱国情怀。晚清的妇女论著《女界钟》列举了当时女子急需恢复的基本权利，包括入学、交友、营业、掌握财产、出入自由、婚姻自由六项，而入学是晚清女性首要恢复的基本权利。① 区别于西方教育平权运动，中国女性接受教育的倡议者主体为男性。在中国女子学堂的创建过程中，梁启超和经元善起到了决定性作用，其中梁启超是我国女性意识觉醒倡导第一人。梁启超认为国家处于存亡之际，每一个人都应当参与到社会建设、国家兴建之中，女性应当通过学习、工作、经济独立，为社会创造财富。② 经过梁启超的舆论鼓吹，经元善萌发了创办女校的决心。经过细心的筹备，中国女子学堂于1898年5月31日正式开馆，第一期学员人数稍少，只有二十余人，大约达到了预期人数的一半，但是女子学堂的出现当时在社会上产生了极大的影响，并且其倡导者不断地在报纸、期刊等公众媒体上进行大力宣传，也为女子入学进行了声势浩大的宣传。1907年3月，清廷学部颁布了《女子小学堂章程》与《女子师范学堂章程》，正式认可女学社会化，并且将女子教学纳入了官方教育管理体制当中。中国女子高等教育的出现得益于西方人的帮助。随着西方的入侵，国门被迫开放，西方也随之带来了他们的文化，其中宗教文化最为显著。1913年，英美教会的成员共同筹措，在南京创办了中国第一所女子大学——金陵女子大学，并且推荐了德本康夫人为第一任校长。由于金陵女子大学的教学质量高，学生品学兼优，第一届毕业生得到了美国大学

---

① 金天翮：《女界钟》，上海古籍出版社，2003，第44~45页。
② 梁启超：《变法通议·论女学》，华夏出版社，2002，第41~43页。

的认可，并承诺承认其学历，同时可以在美国继续求学深造。随后，我国的大学陆续向女性开放，而由于生源等问题，最终这些女子大学多数被合并。

耳目一新的教育形式使我国清末民初的女性接受了中、高等教育，其中大多数人才都成为革命者，为我国的独立事业奋斗终身。同时，教育使传统的封建道德思想受到了冲击，年轻人的婚恋自由就是其中最显著的表现。婚礼习俗上也抛弃了旧传统，更多地表现了年轻人对婚姻的自由选择，以及对伴侣的尊重。平等的夫妻关系也是他们所向往和追求的，因此，教育平权运动带来的联动反应为我国两性平等观念奠定了良好的思想基础。

3. 文化平等

在男权社会下，男性掌握着语言和书写的主动权，以往的文化都是以男性为中心视角书写的，这就构建了社会性别文化。而女性作为"他者"而存在，其形象、行为举止都被男性书写、刻画出来。人类代代繁衍，受女性一直处于文化边缘地位的文化影响，女性形象也固化地代际传递下去。

文化平等诉求的提出得益于女性主义理论的发展，尤其是后现代女性主义的出现。文化平等严格意义上来说不算是一项平权运动，而是从文学、文化角度入手，像以往女性主义学者们剖析女性从属地位的原因一样，她们发现了以往的文化体系就是一个男权体系。男性不仅用文化构建了女性形象，而在文字中形成了严重的性别歧视现象。因此，近代的女性主义学者们从文学批判和书写女性著作两个方面来纠正文化不平等现象。

后现代女性主义者认为，如果人类使用的只有文字，那么文字文化就来源于象征秩序的文化。后现代女性主义作家埃莱娜·西苏（Hélène Cixous）从精神分析的角度理解到，阳性书写是根植于男性生殖器和原欲系统的。由于各种社会因素（主要是男权社会结构），阳性书写支配阴性书写。她认为这种阳性书写塑造了二元对立的性别文化，并且在对立的概念里，阳性即男性总是要优越于阴性即女性。例如，主动/被动、太阳/月亮、文化/自然、白天/黑夜、高/低等二元对立词语中的每一对都是来源于男与女这一对对立的性别。一般来说，男人被看作主动的、文化的、高等的，而女性则被看作被动的、自然的、低等的。在这一对立的文化现象中，男性为自我，而女性为他者。因此，女性按照男性的支配，生活在男权世界中。埃莱娜·西苏从这一角度分析后，鼓励女性脱离男性为女性构建的世界，脱离这个框架去书写自己。

　　建构主义者反对性别本质论，即认为性别差异是在生理差异的基础上区分两性的。她们也同时认为文化语言中存在着严重的性别不平等。而这种文化现象的存在，在语境中就构建了女性从属地位、男性支配地位。因此，在 20 世纪 70 年代，以美国为中心，女性掀起了一股要求消除语言中性别不平等的表达热潮。女权主义者们发现，在以往的传统称谓中，"man"既指男性，也泛指人，而当人们说到"woman"时，仅仅是指女性。这意味着在言语中表达的思想就是男性可以代表人类，而女性则不能。而在言语表达的过程中，女性主义者们认为，言语不仅仅是表达事实内容，而且还在构建事实和身份。琼斯（R. H. Jones）运用了教堂礼仪中的语言表达形式来阐述这一观点。[①] 在传统的教堂婚礼仪式中，牧师通常会用以下两种表达形式来宣布男女结为正式的夫妻："I now pronounce you man and wife" 和 "I now pronounce you husband and wife"。虽然这两种表达方式的语义相同，但它们构建出来的社会身份却不尽相同。"man and wife" 中的 "man" 构建了一种社会身份，而 "wife" 则更多地被视作婚姻关系中的一种称谓。在此语境中构建出的性别身份并不对等，而 "husband and wife" 则是对当前婚姻关系下男女双方产生的新的社会身份的对等描述。另外，从日常话语以及上述案例分析中我们不难发现，在男与女的性别身份同时出现在一个语境中的时候，男性身份往往被置于女性之前，例如上述案例中的 "man and wife" 以及 "husband and wife"。尽管这种表达方式可能并不存在表达者对性别身份的有意区分，但它反映了一种根深蒂固的社会习惯。

　　无独有偶，从我国古代封建社会时期的语言环境来看，语言中的性别不平等十分明显。女性出嫁后名字中要冠以夫姓，而姓后的名字一般略去，

---

① R. H. Jones, *Discourse Analysis* (London: Routledge, 2012), p. 33.

加以"氏",例如"刘李氏",或者权贵的妇人称谓多以夫君的职位称呼为主,例如"侯爵夫人""伯爵夫人"等。而男性对外介绍自己妻子的时候也表现出明显的歧视女性的话语,例如"内室""贱内""内人"等称谓都显著地表明,古代时期我国女子的社会地位、社会身份低下。

20世纪70年代形成了一股女性主义文学研究和文学批评的学潮,她们通过对女性主义文学的研究以及对文学的批判,为恢复、提高女性的文学地位作出了极大的贡献。以美国女性主义研究和文学批评为例,自传文体成为女性主义学者不错的选择,因为自传体以女性为主体,从女性主义视角出发书写自己的经历,并且可以追溯不同时期的历史,而这种女性视角也使以往单一的性别视角写作状况得到了改观。同时,大量女性主义历史研究专著的出版,也弥补了单一性别的男性历史学家的选材内容不足。我国近代的女性主义文学发展也置于学术研究的整体框架内,或者说女性主义文学已经成为一门专业的理论学科,例如,北京大学中文系夏晓虹教授的著作《晚清女性与近代中国》就是以晚清女性的生活状态的变迁为视角,重新书写了整个近代中国的历史变迁。她认为:"女子在社会现实中的处境远较男子复杂,遭遇的困扰也远较男性繁多。"① 而男子面临的社会问题,女子无一能逃脱,因此,她认同女性的生存状况是衡量一个社会文明程度的标尺这一说法。

女性作者细腻的情感以及独特的性别视角形成了与男性作者相对立的写作风格。男性由于受到"男性气质""男子气概"的影响,所书写的文学作品风格大多磅礴大气、气势恢宏,而作品内容也多以男性为主体参与的内容,例如,政治、军事、武侠小说等,并且他们笔下塑造的女性形象妖娆、美艳,或粗俗、鄙陋。我国四大名著之一的《三国演义》无论是写作风格、选材内容还是女性形象都印证了上述说法,军事政治题材和气势磅礴的写作手法都映射出封建社会时期"大男子""小女人"的形象。女性作品大多也受"女子气质"的影响,其细腻的情感使女性作家注重对作品细节的刻画以及人物敏感的心理波动的叙述,而选材内容上大多也贴近于生

---

① 夏晓虹:《晚清女性与近代中国》,北京大学出版社,2014,第4页。

活。随着女性解放以及教育权利的获得，大批的女性作家涌现，她们不仅丰富了文学创作的多样性，也为史学研究提供了很好的素材。女性作者的作品贴近现实生活，所以，史学家们可以更好地感知当时社会环境的变化。总体来讲，女性作家的增多为人类文学创作增加了新鲜的元素，而男性与女性的写作差异恰恰说明了两性之间存在着差异的平等。

4. 家庭地位平等

家庭是最小的社会单位，其内部实行的性别分工体现了明显的不平等。尤其是在工业社会出现之前，"男主外，女主内"的性别分工模式是主流的家庭模式。男性与女性之间不平等的分工和地位代代相传，因此社会中两性不平等的现象在家庭内部体现得最为明显。

在中国传统社会中，"一家之主"通常指的是男性。同理，妻子的身份和地位往往不足以代表家庭。即使女性的身份由妻子过渡到婆婆，她的职责提升也只是体现在对儿媳的管理上，而在家庭内部事务和决策方面仍然要听从儿子的意见。"在家从父，出嫁从夫，年老从子"的传统社会现象体现了女性对男性的绝对依赖。在中国传统家庭模式下，女性的家庭地位在习俗、经济、决策、家务劳动等各个方面都显示出了明显的不平等，女性的家庭地位低下。女性是否被视为生产者一直是马克思主义女性主义者们争论的焦点。实际上，除了特定阶层，女性一直以来都是重要的生产者。在工业化社会出现之前，女性不仅承担家务劳动，还与男性一同参与农业劳动，因此女性首先是生产者，其次才是消费者。例如，《张门才女》中的女主人公汤瑶卿几乎承担了所有的家务劳动，并且是家庭收入的主要来源，但这样一个主要劳动者在家庭中却未能获得应有的社会尊重和平等的家庭地位。在中国古代，女性的财产继承权和继承顺序均低于男性。在经济独立和财务自由方面，女性并没有广泛的决定权；在一些朝代，女性的陪嫁财物也要统一归于夫家。在习俗礼仪上，女性的地位低下表现得更为明显。中国古代餐桌礼仪对女性的要求极为苛刻，大多数时期女性不能上桌与丈夫、公婆一起吃饭，而妾室女子的地位更为低下，需要立于桌旁服侍主人夫妇，而这一陋习至今仍在一些农村地区延续。丈夫对妻子拥有绝对的管理权，可以对妻子的违规行为施以体罚，甚至一些宗族内部有权处决女性而不受法律制约。丈夫有任意解除婚约的权力，而妻子则没有这个权力，这种不对等的婚姻关系导致女性必须绝对服从男性。

综观世界各地的民俗，我们可以发现，女性家庭地位低下几乎是共性现象。在西方文明史中的大部分时间里，丈夫的家庭地位高于女性。在中国封建家庭中，男性在财产权利、婚姻权利、性自由、决策权力等方面是绝对权威，而女性则遵循从夫而居的居住形式，一生依附于自己的丈夫。在农民阶级、中小企业、小作坊中，从性别劳动分工的角度来看，夫妻关系是一种合作伙伴的关系，妻子作为丈夫的得力助手，为家庭经济作出了重要贡献。有时，甚至会出现妻子成为家庭主要经济贡献者的情况，例如18世纪的德国，妇女们专注于纺纱时，丈夫会承担做饭、家务、挤牛奶等传统意义上的女性家务劳动。在近代西方社会，女性在家庭中的从属地位也在法律上有所体现。由于认为妻子与丈夫的利益一致，已婚妇女的法律权益体现在其丈夫身上。法国的拿破仑法典中，已婚妇女被置于其丈夫的法律存在之下，这意味着婚后妇女不具备独立的人格及完全的民事责任，而丈夫在另一层意义上是妻子的"家长""监护人"。在1857年之前的英国，已婚妇女无权提出离婚，无论任何原因获准离婚后，她们也无法获得孩子的监护权，甚至不能以个人身份或亲自出面针对自身遭遇的犯罪行为提起诉讼或控告。[1] 顺从被认为是妻子美德中非常重要的一部分，即无论丈夫的行为和决定是否正确，妻子都应该顺从。这种盲目强调顺从丈夫实际上增强了男性对女性的权威。妻子不应分解丈夫的权力或质疑丈夫的决定，这种行为类似于一个中央集权的君主要求群臣绝对服从君主的权威。家庭作为社会的基本单位，夫妻之间的关系是现实阶级社会的映射。丈夫对妻子的绝对支配以及妻子对丈夫的绝对服从也体现在丈夫家暴妻子的现象中。在近代西方父权制中，打妻问题普遍存在，在英国，法律赋予丈夫"适当

---

① 高仰光、宋见宇：《英国离婚制度的变迁》，《新华月报》2019年第13期。

惩罚"妻子的权力，要求打妻时棍子不要粗过男人的手指，且不要打出血，这样的法律权力放纵了男性的暴力行为，实际惩罚的程度往往比法律规定严重得多。无论是从体力上、社会舆论上还是家庭地位上，女性都不会也不敢向丈夫施暴，并且向丈夫施暴被视为一种严重的犯罪，对犯罪严重程度的界定并不是看施暴的程度，而是看女性的施暴行为是否对社会秩序和权力构成威胁。

随着女性解放运动的发展，女性在公共领域的各项权利相继获得，女性的生存环境得到了改善。然而，家庭内部女性的生存环境问题却容易被忽视。首先，在家庭内部，夫妻关系使他们共同成为孩子的父母，共同承担家庭经济负担。利益与关系的交织使他们成为难以分割的整体，亲密的两性关系使夫妻之间对权力界限模糊，甚至被忽视。在这种情况下，女性往往将自己的利益和权益置于家庭和丈夫之下，女性主义的矛头自然而然地转向家庭外部。其次，女性受传统思想观念的制约，使她们羞于向大众暴露自己的家庭内部遭遇，并且长期处于边缘状态，女性对自己的感觉和感受变得淡漠，默默地承受遭遇并将其内化成为习惯和常态。工业化社会改变了人们的生活方式和观念，以及人们对家庭和自我的认知，使得越来越多的女性逐渐解放自我，并更加重视自己的感受。女性主义者们的平权运动斗争的内容也从公共领域开始转向关注私人领域。值得注意的是，女性的斗争并没有直接表明要求提高女性家庭地位，而是通过要求改善作为妻子在家庭内部的各种权益和保障来间接提高自己的家庭地位。

避孕和堕胎问题、反家庭暴力问题、家务劳动的社会化问题等都是关乎女性家庭地位的重要问题。由于缺乏科学有效的避孕方法，生育具有不可预测性，女性作为生育的主体，要不断承受重复怀孕的压力。频繁的怀孕削弱了女性的劳动生产力，同时也增加了女性的生育风险。在男权社会下，封建传统思想的一个作用就是压抑女性的性意识，以此来确保女性对男性的忠诚。女性作为"他者"，成为男性的性发泄对象，但男性却不分担生育的痛苦和风险。随着科技的进步和女性主义者的宣传，科学的避孕方法使女性能够掌控生育节奏，从而改善了女性的健康状况。西方国家由于受到宗教信仰的影响，尤其是基督教的影响，长期以来将堕胎行为视为非法。因此，在避孕措施不发达的时代，女性没有生育选择权，也没有终止妊娠的权力。美国著名的"罗伊诉韦德案"① 表明，僵化的法律已经受到了现实世界的挑战。自由主义女性主义者一贯主张保障个人自由和权利，因此她们呼吁女性应拥有生育自由权和妊娠选择权。20 世纪 70 年代的美国，特别是在"罗伊诉韦德案"之后，极大地推动了堕胎合法化。奥巴马政府2010 年出台的《可负担医疗法案》为避孕和堕胎提供了资金支持，并强调堕胎行为不仅保障了女性自由，同时也保障了孕期女性的安全和健康。

家庭暴力是近年来国内外社会广泛关注的社会问题。家庭暴力问题之所以持续存在，是因为这种暴力发生在家庭内部，社会普遍认为这是家庭内部事务，不应被视为刑事犯罪，并且家庭成员之间的特殊亲密关系使得公安机关在立案时面临困难，立案后还常常遇到报案人撤回陈述的情况。我国于 2015 年 12 月 27 日通过了《中华人民共和国反家庭暴力法》，并于2016 年 3 月 1 日起开始实施。该法案旨在预防和制止家庭暴力，保护家庭成员的合法权益，维护平等、和睦的家庭关系。这项法律对于长期遭受家庭暴力的女性来说具有重要的法律保护意义，提高了女性在家庭中的法律地位。

关于家务劳动，马克思主义女性主义者认为，妇女解放的关键在于家务劳动的社会化。马克思主义女性主义者玛丽亚罗莎·达拉·科斯塔

---

① 1969 年，一位化名为简·罗（Jane Roe）的妇女及其代理律师一起挑战了得克萨斯州限制堕胎的法令。该法令规定，除非为了维护孕妇的生命，否则州内一律禁止妇女实施堕胎手术。罗伊主张：得克萨斯州限制堕胎的法令剥夺了她在妊娠中的选择权，因为她既无钱前往可以合法堕胎的州进行手术，又无法终止妊娠，因此分娩后不得不将孩子交给身份不明的人收养。得克萨斯州政府在诉讼中辩称：生命始于受孕并持续在整个妊娠期间，因此，怀孕妇女在整个妊娠过程中都存在着保护胎儿生命这一国家利益。宪法中所称的"人"包括胎儿在内，未经正当法律程序而剥夺胎儿生命是联邦宪法修正案第 14 条所禁止的行为。该案最终上诉至联邦最高法院。1973 年，联邦最高法院以 6 比 3 的多数意见裁定，得克萨斯州限制堕胎的法令过于广泛地限制了孕妇在妊娠过程中的选择权，侵犯了联邦宪法修正案第 14 条所保护的个人自由，构成违宪。美国联邦最高法院以布莱克门大法官为代表的多数意见支持了罗伊的诉讼请求。

（Mariarosa Dalla Costa）和塞尔玛·詹姆斯（Selma James）在其著作《妇女与社区的颠覆》中指出：妇女的家务劳动是生产性的，不仅体现在日常所说的"有用"上，而且符合马克思关于"创造剩余价值"的定义。[①] 她们认为，妇女不必在公共领域从事生产劳动，她们自身的家务劳动就具有生产性质。她们提倡为女性的家务劳动计酬，不过支付方不应该是家庭成员（例如丈夫或父亲），而是应该由国家向女性支付报酬。

家庭作为社会的基本经济单位，是实现两性平等的最佳和最广泛的场所。家庭内部的性别平等也会对社会产生积极影响，因此提倡女性在家庭中的平等地位是实践两性平等的重要途径。提高女性的家庭地位不仅能保障她们的安全，还能促进她们的身体健康。

三 "两性差异"的认可

平等作为人与人之间相互交往的基础，是一种原则，也是一种信条。平等原则从提出到发展，已成为现代社会公认的司法准则。而两性平等正是平等范畴内的重要部分。女性主义将平等作为斗争的目标，对平等准则的定义也在不断演变。自由主义女性主义作为女性主义流派的先驱，其思想深受自由主义政治的影响。法国作家皮埃尔·勒鲁在其著作《论平等》中写道："要确立政治权力的基础，必须达到人类平等，在此以前没有权利可言。"[②] 显然，平等原则是政治体制的灵魂与核心，而权利是国家、公民和平等之间互动的表现形式。自由主义政治思潮坚持人性的概念，并主张"权利高于善，必须优先考虑"。因此，自由主义女性主义认为女性的权利应当得到平等对待，其参照的标准是男性权利。19世纪的自由主义女性主义强调权利的绝对平等，当时她们对平等的理解主要侧重于形式方面，如平等的教育权和选举权等。然而，由于缺乏坚实的理论基础，这一观点受

[①] Mariarosa Dalla Costa, Selma James, *Women and Subversion of the Community* (Bristol, England: Falling Wall Press, 1972), p. 34.

[②] 〔法〕皮埃尔·勒鲁：《论平等》，王允道译，商务印书馆，1988，第20页。

到了其他女性主义者的激烈批评：单纯以男性权利为追求目标可能导致女性与男性同一化的倾向。随着"平权运动"的推进，自由主义女性主义开始反思两性之间的平等与差异问题。随之出现的其他女性主义流派及自由主义女性主义的新思想则更倾向于探讨两性之间的差异问题，认为自然性别和社会性别差异不应被忽视，因为平等应建立在尊重差异的基础上。

1. 两性平等

皮埃尔·勒鲁在其著作《论平等》中进一步指出："从社会的起源和终止这两方面来看，人类精神统治着现实社会，并把平等作为社会的准则和理想。"[①] 平等作为一种价值观念，能够指导社会行为，并且是建立政治权利的基础。启蒙运动宣扬的自由和平等精神被纳入国家政治框架之内，例如，这些精神成为法国大革命的指导思想，即自由、平等、博爱。这种精神作为价值观念直接参与到了人类的政治活动中，与"人类精神统治着现实社会"这一观点相呼应。在我国，"平等"亦是社会主义核心价值观之一。党的十八大将"平等"列为社会主义核心价值观的重要组成部分，说明平等是社会主义社会追求的重要价值目标。如何将价值观念通过实践体现出来，是现代社会需要关注的问题之一。因此，平等不仅是理论体系，还具有实践意义。面对日益加剧的社会不平等现象，20 世纪 90 年代兴起了一波关于平等的理论研究，旨在通过细化平等的不同层面来实现人人平等的伟大愿景。其中，权利平等、经济平等、教育平等、性别平等是重点关注的内容，而程序平等、机会平等则是实现平等与遏制不平等的关键步骤。

我国从改革开放初期全面发展生产力的同时要求兼顾效率与公平原则，到现在全面推进乡村振兴，无一不是在践行"平等"这一核心价值观。平等作为人与人交往的前提，被普遍应用于社会交往之中，因此，它也是一种社会准则。随着社会的发展，平等已成为一种法律信条，而法律则是保障公民平等权利的屏障。根据皮埃尔·勒鲁的观点，平等存在于法律之前，甚至存在于社会之前。因此，平等的定义既是恒久的理论价值，又是动态

---

① 〔法〕皮埃尔·勒鲁：《论平等》，王允道译，商务印书馆，1988，第 15 页。

的实践过程。马克思主义认为，人类的平等具有阶级性和历史性，因此对平等的讨论离不开现有的社会环境体系，这也是为什么近代学者们对平等的讨论并未能达成一个统一的共识。不过，我们可以确定的是，平等将会一直贯穿于人类社会的活动当中。

平等包含了价值平等和权利平等两个方面。这两种平等的区别在于，基于社会学、哲学、政治学等不同学科对政权体系下人们应该如何在尊重个体本性的基础上实践平等观念的理解。个体具有差异性，这种差异性既源于先天因素，也可能来自后天生长环境的不同。人的价值体现在生命个体的独一无二性上，在差异的基础上，可以防止人被"类化"成为"普世价值"中所理解的"人"该有的样子。因此，价值平等在严格意义上宣扬了自由主义，即自由优先于平等。马克思在谈论人的本质时提出了一个科学界定，即劳动创造，这是人区别于动物最显著的特征。人的创造性实际上是人的"类本质"通过对象化的人性自我生成过程、回归人自身的自我显现过程；在道德意义上，创造就是"个人获益同时使其他所有人因此而获益"的过程。创造使每个人获得人类性表征的同时，也实现了区分于他人、不可替代的差异性，从而消解社会对个体的同质化——这就是平等。①平等使每个人自由地发挥自己独特的创造性，同时让人的"类本质"得以回归，即在实践中实现了价值平等；权利平等的发扬和传承得益于启蒙运动的思想。启蒙运动中诞生了自由主义，自由主义政治思想仍然是当今社会中的主流政治思想，而权利平等就是自由主义政治所要求的"天赋人权"。"天赋人权"的口号体现了自由主义者认为人的平等本质并不是由谁赋予的，而是伴随着人的出生就有的。自由主义政治思想以此批判封建阶级社会对人权的剥夺，新的政治体制应当恢复人的平等并使其得到保障。权利平等不同于价值平等，它有一定的空间范围界定，即只有处于政权之下，才能谈得上权利平等。人类如今都生活在人类自创的政治社会之内，

①　罗克全、刘泓颉：《共产主义：平等与社会自我否定》，《吉林大学社会科学学报》，2016年第 3 期。

处于交往的社会关系之中，平等的交往原则是人的全面发展的前提，因此，权利的平等对于生活在社会关系下的人类至关重要。回顾历史，以往的阶级社会中，处于被剥削阶级的人们处于片面的社会关系之中，这严重抑制了人的自由发展，而处于剥削阶级的人们，将持有的私有财产异化成剥夺他人权利的工具，并且自身也遭到了异化。这样权利失衡的社会无法实现人类解放。

两性之间的不平等现象是人类社会不平等的一个缩影。在男权社会中，女性被视为男性私有财产的一部分，尽管女性的处境与奴隶有所不同，但从属性、财产制度、风俗礼仪等方面来看，男女之间已经具有了实质上的阶级属性。因此，女权的复归运动完全可以借鉴人类历史中关于平等、自由的文化学说。两性之间无论是在价值方面还是权利方面都应该是平等的。男女之间的生理性差异是实现性别分工的基础，"男耕女织"的农业文明时代使人类首次实现了生产力的飞跃，而性别分工是提高生产力的关键。然而，男性较早成为生产主力，并拥有了私有财产，男性将手中的财富转化为权力，奴役和剥削他人。在物质财富不断增长的过程中，财富和权力将人异化，人类之间产生了不平等的阶层，两性之间同样也变得不平等。在男权社会下，男性通过贬低女性的生理差异来证明男性统治女性的合理性，例如，认为女性天生是感性的，不具备理性特质，不适合担任政治等公共领域的职务；"手无缚鸡之力"通常用来描述女性力量柔弱，而当用于描述男性时则带有贬义色彩。在价值平等的视角下，差异具有不可替代性，两性之间的差异，尤其是生理差异是无法替代的，因此这种差异不应进行比较，也不具备可比性，故两性之间应追求价值平等。政治、经济的权利平等要求对资源进行平等分配，因此平等分配问题成为权利平等的前提。在原始社会，实行生产经济公有制以及生产资料公有制的劳动模式，人类最基本、最原始的物质需求使产品的获得只需经过极为简单的工序，并不涉及产品再分配问题，按劳分配成为分配的主要方式。因此，简单的生产和平等的分配衍生出了人与人之间平等交往的社会准则。在无差异的劳动和分配问题上，权利意识并不被需要，占有反而成为滋生权利的前提。随着社会生产力的发展，人类实现了对资源的占有和掠夺，分配方式也不再局限于按劳分配，一系列不平等现象的出现使人类的权利意识慢慢觉醒。在男权社会之下，教育资源、经济资源、政治资源等都被男性垄断，女性长期游离在这些权利主体的边缘，不平等的资源分配使女性意识到权利获得的重要性。马克思在《共产党宣言》中明确表示："共产主义并不剥夺任何人占有社会产品的权力，它只剥夺利用这种占有去奴役他人劳动的权力。"①在男权世界里，男性长期占据着权利的主体地位，欲望和财富早已将男性异化，而女性在被压迫的过程中也主动或被动地让渡自己的权利以换取安逸和享乐。因此，两性权利的平等应当得到恢复，女性获得解放的同时，男性也将得到解放。

2. 两性差异

女性主义发展历史中关于平等与差异的问题观念的转变过程大致可以分为三个阶段："等同论"平等观、"差异论"平等观、"双性同体"平等观。由此可见，差异问题是女性主义者们必须深度探讨的问题。

差异问题并不是在女性主义开始时就显现出来的。自由主义女性主义流派是女性主义运动和思潮的先驱，它主张男女应该享有平等的政治权利和公民权利。然而，这种主张只带来了形式上的平等，因为它忽视了差异并有意回避差异问题，从而使自由主义女性主义的主张和运动在取得了一定成果的同时，埋下了平等的隐患。1923 年，美国国会提出了"平等权利宪法修正案"，该法案建议拒绝给予女性特别的照顾和保护，因为特殊对待会造就女性弱于男性的社会现象。这种"等同论"导致女性平权运动处于被动地位，同时也说明了忽略性别差异问题的平等观念是不全面的。过分追求形式平等使其忽视了思想和理论的发展，并且女性主义思想仍未摆脱男权思想的影响。女性所要求的内容和权利都是以男性为标准，女性在男权规范的世界里所要求的解放和平权都是缺失的，并且试图将

① 《马克思恩格斯文集》第 2 卷，人民出版社，2009，第 47 页。

女性变得和男性一样的想法与实践无形中将女性置于社会的客体地位。自由主义女性主义学者贝蒂·弗里丹承认："第一阶段的女性主义否认男人与女人除性器官之外的一切差异。"① 等同的两性差异观把男性的权利和自由作为男女平等和妇女解放的标准，无形之中也在歌颂男性的美德和伟大。

我国女性解放道路上也经历过类似的"等同论"平等观时期。我国的妇女解放多数是在革命的背景下进行的。由于抗日战争和国共内战，青壮年男性大多参与到战争当中，而女性则成为生产劳动的主要力量。1930 年 5 月，毛泽东在江西寻乌县发现了一个社会现象："女子与男子同为劳动的主力。"② 1938 年，陈学昭来到延安，亲身感受到了边区的男女平等，尤其是在所有方面都平等的现象："抗战的女生与男生一样能够开荒、挑水。"陈学昭坦言，她们这些外来者，曾经穿过象征小姐、太太身份的"皮大衣"，经历过资本主义生活方式的女性，"确实，直率地说，有点不太习惯于这样绝对的平等"③。新中国成立后，为了加快国民经济建设，我国妇女表现出了"上天入地"的精神，"男人能干什么我们就能干什么"，女性积极参与重工业劳动，甚至不顾生理期下海作业。中国女性的这种"等同"平等观具有主动性，虽然与"西方"的被动性有所不同，但从历程以及所关注的内容上看，具有一定的相似性。到了 20 世纪 80 年代，自由主义女性主义在运动中总结了经验，认识到过去激进的平等主张忽略了差异这一事实，导致女性解放并不充分，因此主动修正了之前的激进平等主张。至此，"差异论"平等观时代到来。

两性差异包括生理性别差异和社会性别差异。生理性别差异主要体现在三个性别特征阶段，分别是第一性特征、第二性特征和第三性特征。第一性特征在人类出生时就已经显现，即根据生殖器外观的明显不同来区分男童和女童。第二性特征出现在人类青春期发育阶段，男孩与女孩在发育

① 〔美〕贝蒂·弗里丹：《非常女人》，邵文实、尹铁超译，北方文艺出版社，2000，第 427 页。
② 《毛泽东文集》第 1 卷，人民出版社，1993，第 239 页。
③ 陈学昭：《两性与恋爱》，载《延安访问记》，广东人民出版社，2001，第 115 页。

过程中形成了成年男性与女性的生理构造特征。通过发育对比，我们可以看出男孩与女孩明显呈现不同的发育趋势。青春期发育后，男性身材高大，肌肉结实，喉结突出，声音变得低沉粗犷，长出胡须，汗毛加重等；而女性皮肤细嫩，嗓音尖细，乳房隆起，肌肉柔韧。这种生理差异不仅体现在表象上，也表现在身体结构及组成成分上，比如男女的骨骼、肌肉和脂肪在质量、数量以及分布上都存在一定差异。第三性特征主要指的是身体构造和机能确定后对人心理和行为产生的影响。例如，女性可能表现出更多的"女性气质"，而男性可能表现出更多的"男子气概"。总体而言，性别的差异对性别行为进行了塑造。社会性别概念产生于生理性别之后，甚至是在"市民社会"形成之后。社会性别差异与生理性别差异并不是平行的关系，而是社会性别的产生也是生理性别直接作用的结果。影响社会性别差异的因素包括生理、社会以及文化。社会性别差异及其性别的传统印象，并不是生理方面的必然结果，而是与社会文化所赋予、培养的结果有关。在男权社会下，男性主导的社会文化和社会意识对女性的塑造完全符合男性的审美观念和行为规范，这有利于男性掌握和控制女性。因此，女性主义学者在探讨差异性的论述中，从生理差异和社会差异两个层面出发，探讨如何对待差异性以实现女性的最终解放。

差异论包括差异优越性与差异平等性。激进主义女性主义流派高度重视两性之间的生理差异与社会差异，并赋予这两种差异以优越性的理论。在生理差异层面上，激进主义者们认为生育是导致女性处于从属地位的根本原因，这让女性在起跑线上就处于不平等的位置。因此，激进主义女性主义者们认为，为了弥补生理差异导致的不平等，应当通过给予女性更多的优待和照顾来进行差额弥补。激进主义女性主义者们借鉴了批判自由主义女性主义关于以男性为女性平权准则的失败事实，认为首先应该对男权社会的一切进行批判。她们认为应当彻底粉碎男权制度，并建立起属于女性的新秩序。面对传统的男权社会伦理道德文化观念，激进主义女性主义者们大力发掘"女尊男卑"的文化伦理道德观念，认为男权社会下构建的

"女性气质"是优越于男性的，以此来挑战男权社会的权威。简而言之，激进主义女性主义希望通过一场剧烈的、彻底的革命来彻底摧毁男权社会，并建立起一种女性自信的两性新秩序。马克思主义女性主义同样是差异论平等观的主要支持者。她们借鉴了马克思的劳动理论和唯物史观等理论，认为女性受到了资本主义社会和男权社会的双重压迫。因此，改造资本主义生产方式和反对父权制是妇女解放必须解决的问题。马克思主义女性主义者认为，两性之间天然的性别差异导致了性别分工的出现，资本主义制度的出现又导致了男性作为家长主导女性，从而使女性地位边缘化。在资本主义社会分工模式下，女性本身不具备优势，因此双重作用又导致女性沦为次要劳动力。此外，马克思主义女性主义学者认为，当男性掌握了私有财产之后，将财富转化为权利，男女之间的阶级现象逐渐出现。面对这种情况，马克思主义女性主义学者认为妇女解放的关键是认识到自己的家务劳动和生育活动是具有生产意义的，女性应当运用唯物主义思想了解自己被剥削的程度并进行革命。

"差异论"主张每一个差异都应平等对待，甚至激进主义女性主义认为女性的差异具有优越性。"差异论"弥补了"等同论"空洞的平等理论和普世的"平等"主张，使女性主义理论体系更加完善和全面。然而，"差异论"依然将性别置于"二元"对立的情境中，这将不利于两性和谐，也不利于团结更多的群众（包括男性）参与到女性平权运动中来。

3. 多元差异

女性解放道路上不断出现的困境问题就是如何对待两性差异。由此可见，差异是女性主义绕不开的问题。在女性解放道路上经历的"等同"与"差异"两种平等观的阶段，均产生了明显的问题。首先，"等同"平等观念受到自由主义政治思潮的影响，因此，其平等诉求仅停留在政治观念下对权利的追逐。以自由主义女性主义为代表，就被批判其平等诉求过于形式化，缺乏对平等内涵的深入理解。"等同"平等观女性主义者们将"差别对待"与"性别差异"观念混淆，她们认为两者存在逻辑关系，即性别差异意味着女性不如男性。从以往的女性受压迫经验来看，男性极力贬低女性性别差异，并以此作为"差别对待"① 女性的依据。因此，"等同论"平等观的女性主义者们希望彻底粉碎男权社会意识、文化构建的"低劣的"性别差异观念，希望确立与男性完全等同的平等社会原则。但是，这样一个逻辑误区导致女性将男性作为自己的比照对象，将男性准则视为社会至高标准，女性的解放仍然在男权意识构建出来的框架内，并未对男权文化形成任何实质性的冲击。随着"等同论"平等观问题的显现，各个流派对其进行了批判，同时对差异问题以及平等价值观念也进行了深刻的反思，"差异论"平等观成为修正"等同论"平等观的又一深刻且热门的女性主义思想。后现代女性主义注重两性之间差异的探讨。例如，激进主义派别认为生理差异是导致女性处于从属地位的根源，她们认为差异不应被贬低，反而具有优越性，因此，差异补偿会实现两性平等。同时，她们也借鉴了"等同论"失败的经验教训，认为要避免误入以男性为准的怪圈，就应当从根本上改变男性主导的社会，将女性从"边缘"置于"中心"。虽然"差异论"在"等同论"失败的方面确实弥补和修正了女性主义解放的失误，但是，其自身过度关注差异，导致"差异论"理论同样也有很多漏洞。其彻底颠覆男性统治、建立女性文化自信等主张带有"女权"思想的烙印，而且"女尊男卑"的思想最终并不能实现女性解放、两性平等的目标，而是像男性一样建立起另一个权力社会而已。"差异论"流派同样没有跳出性别二元对立的思想圈，过度地强调男女不同，使女性主义理论在批判西方传统的二元论的同时，又陷入了二元思维的窠臼。因此，绝对的差异这条道路同样也不是女性主义理论的终点。

20 世纪 80 年代，受全球政治、经济、文化的影响，女性运动发展呈现多元化的姿态。第三世界女性主义与一直主导女性主义运动的西方白人中产阶级女性主义的决裂，标志着女性主义的全球化。新生的女性主义思想

---

① 这里的"差别对待"并非平等观念或政治平等观念下主张的就差异性给予适当补偿以求结果公平，而是受压迫女性对男权社会观念下差异即阶级现象的表述。

流派对传统的平等/差异理论的探讨模式提出了挑战，尤其是后现代女性主义的观点新颖、大胆。后现代女性主义者们主张重新界定平等、差异的定义，否定二元对立的性别模式，提倡用多元化的视角理解性别。其中，种族、地域、民族、阶级、性别和性取向等差异都应当被纳入考虑范围，以实现差异平等。后现代女性主义认为，人所处的环境以及所受的教育等不同，导致人的认知以及经历都不可能是等同的，因此，每一个女性所遭受的不平等也不会是相同的。但是，以往的"等同"和"差异"平等论自然地将所有女性的遭遇等同起来，其思想理论代表了所有的女性，却忽略了人的个体差异性。后现代女性主义的另一个新颖思想在于指出，相同具有相对性而差异具有绝对性。后现代女性主义认为，不仅男女之间由于知识、文化、权利等造成地位和文化上的差别，男性与男性之间，女性与女性之间同样存在阶级性。因此，一味地强调平等，是以哪一个阶级的平等为参照呢？后现代女性主义主张女性内部差异多元化，她们认为差异不应是阻挡平等的障碍，相反，有差异才会有真正的平等，即"差异的平等"。后现代女性主义注重理论上的探讨，她们运用个体与他者的观念，认为注重自我差异就是注重自我的独立个体性，而除去自己以外的别人相对于独立的自我时，是"他者"身份，这样相对于两性之间来说，对方都是"他者"的存在，从而构建了一个平等的两性关系，并且后现代女性主义将这种思维称为"雌雄同体"。"雌雄同体"挑战了传统的性别二元对立模式，而注重差异多元化则对平等/差异思想逻辑进行了解构。后现代女性主义的思想理论超越了以往的性别差异理论，为如何对待两性差异提供了一个新的理论方法。但是，后现代女性主义理论遭遇了现实问题以及其他派别的批判。首先，后现代女性主义理论借鉴了西方后现代主义哲学、解构主义以及结构主义女性主义的研究，这使得女性主义研究更加学院化、精细化，但是深奥的理论与晦涩难懂的语言使后现代女性主义被批评为"不接地气"，理论很难联系现实，更难对处于水深火热的受压迫的女性给予指导性的意见。例如，第三世界国家的女性面临着食物短缺、医疗落后、无法自由避孕等严峻的现实问题，显然后现代女性主义理论显得严重超前。其次，后现代女性主义理论过度地关注差异，弱化性别界限，有瓦解女性主义政治意识与行动的趋势，并且后现代女性主义者中的一些人认为自己并非传统的女性主义学者，甚至不支持世俗的女性主义运动。

如今，关于性别差异问题的争论仍然在继续。性别对立的模式以及歧视女性的观念在社会意识形态中根深蒂固。如何平衡性别差异问题，消除两性对立思想仍然需要更多的努力。

四　两性对象性解放的实践

在卢卡奇的《历史与阶级意识》中，"对象性"成为使用频率最高的学术术语之一。卢卡奇并未在"对象化"与"对象性"之间作出明确区分；在他的观念中，"对象化"等同于"对象性"，基本等同于马克思在《1844年经济学哲学手稿》（以下简称《手稿》）中使用的"对象化"概念。那么什么是对象性呢？对象性是一种社会结构形式，是人与世界的一般交往形式。从以人的主体性为主的观念出发，人是世界的主体，从以人为本的方面出发，其他一切与人发生关系的任何物质都是以客体身份存在的。卢卡奇将黑格尔的"外化"概念内涵划分为三个发展阶段：客体性（或物性）、拜物教性与物象化。在客体性（或物性）的最初阶段，对象化结构尚未完全形成；直至物象化阶段，对象性结构才得以完整构建。因此，对象性与异化及物化之间存在着复杂的关系。通过卢卡奇的研究可以得出，对象性或对象化构成了社会的基本结构形式，而物化则是这一过程中的一个具体阶段或历史时期。两性的对象性解放是指在社会关系中，男女两性都能摆脱传统性别角色的限制，实现个人潜能的最大化，并能够在相互尊重和平等的基础上建立关系的过程。这个概念强调的是两性之间的相互解放，而不是单方面的解放。女性逐渐在男权社会中确立了客体身份，并经过异化和物化阶段后，对于男性而言，女性成为一种异化的对象性存在；而对于女性自身而言，男性成为她们感知世界的标准和中心。如此一来，两性间的对象性关系得以形成。

1. "女性"看齐"男性"

差距的形成会导致落后一方以超前一方为目标进行追赶。在两性世界中，当男性统治并压抑女性时，女性接受了男尊女卑观念的影响，视男性性别为荣耀，并将男性视为她们永远难以企及的目标。即使女性思想得到解放并开始争取平权，她们的目标往往仍然是向男性看齐。因此，女性的解放过程，仍然在一定程度上是在作为客体的对象性存在的情况下进行的。

随着父系社会取代母系社会而确立，男性的性别魅力以压倒性的方式攀升至顶峰。男性通过自己的劳动和创造力开辟未来世界，不仅成为社会的主宰，也成为女性的主宰力量。在这个过程中，女性的主体性逐渐丧失，对于男性而言，女性变成了异己的对象性存在。这一过程可以对应卢卡奇所划分的黑格尔外化内涵转变的三个阶段。

首先，女性客体身份的确定。笛卡尔的"我思故我在"理论首次将主体性转移到人的思想方面，康德与黑格尔进一步构建和完善了理性主义的主体性哲学。尤其是在黑格尔的哲学中，客体实际上是作为主体意识中的一种异己的存在。主体通过能动思考区分出客体，并从客体的对照中明确自己的主体地位，实质上是主体与自身的统一。在波伏娃的著作《第二性》中，她认为男性先于女性体验到了真我："他作为存在者自我实现。为了维持，他创造；他超越了现在，他展开未来。人们用节日和欢呼迎接他的成功；男人在其中看到自己作为人的价值。"① 男性通过他的能动思维创造并通过自己的身体劳动，相较于女性而言，是一个成功的开拓者。他的成功在于他区分出了异于自己的客体，并从客体的经验性表现中确立了自己的主体地位与主体性。然而，由于种种原因，女性在人类历史发展的初期未能主动开化自己，甚至无法保障自己的健康和安全，因此在两性关系中确

---

① 〔法〕西蒙娜·德·波伏娃：《第二性》合卷Ⅰ，郑克鲁译，上海译文出版社，2011，第90页。

立了男性为主体、女性为客体的关系。其次，女性被物化，开始丧失主体性。尽管女性的客体身份被确立，但她们追求的是男性所达到的具体价值。这是因为男性开辟了未来，女性也因此朝着这个未来努力超越。女性起初甚至在被边缘化期间也从未以女性价值反对男性价值，创造性别分裂和对立的是希望维持男性特权的男人。随着农业时期的到来，生产资料逐渐富足并实现了私有，公有制的群居生活方式逐渐被私有制所取代，女性也沦为了部落之间相互争夺的私人财产。男性的思维能动性及劳动创造性使其男性魅力发挥到极致，男性逐渐取代了女性的社会地位，特别是在私有制出现之后。部落之间的纷争总是残酷的，男性作为暴力对抗者常被杀掉，物质和生活用品都被掠夺，而女性却在这场纷争中得以幸存，被视为战利品而幸免于难。女性清楚地知道自己无法主宰自己的命运，甚至不能决定自己的去留，因此屈从于男性的统治，也默认了自己的"物"的属性，任由男性掠夺。最后，在男权社会下，女性被物象化。在客体阶段以及物化阶段，女性的主体意识并未完全丧失。但是，经过奴隶社会和封建社会的社会意识形态同化，女性的主体性最终丧失殆尽，她们将自己物象化为男性的一部分，主体思想意识向男性意识看齐，自动成为男性的一根"肋骨"。在封建社会与父权社会的重叠之下，男性异化和压抑女性的思想意识，从社会生活的各个方面束缚女性，以维持自己的男性权威。阶级意识、男尊女卑意识、贞洁观念、顺从意识成为使女性屈从地位进行代际传递的工具。女性的角色被限定为生育后代和照顾家庭，表面上似乎失去了对男性价值以及未来世界的崇拜和超越，但实际上女性只是将这种意识转移到了其他方面，例如，母亲总是希望能够生出一个儿子，并且期待他像他的父亲一样，却很少期望生出一个像她一样的女儿。女性的思想意识将自己贬低为一种低级生物，女性的存在并不是为了像男人一样生存，而是像动物一样生存。

女性从成为客体到主体性的丧失，经历了从主动向男性看齐到被动向男性看齐，最后到认为男性是绝对主宰的转变过程。存在主义表明，原始群体的生物学和经济发展必然导致男性的胜利，男性奴役自然和女性，但女性一直未曾用女性价值去压抑男性价值。相反，女性以一种谦卑且平和的姿态面对男性的成功和胜利。男性用自己的特权禁锢女性的思想，使女性不得不向男性看齐，这是男性构建自我价值的目的之一。

自由、平等、民主的思潮，以及工业革命的现代化进程，不仅冲击着腐朽的封建政权，也冲击着人们的思想。在等级森严的社会阶级制度下，社会底层大众仍然无法通过辛勤劳动来改善自己的生存处境；相反，他们劳动得越多，获得得越少。工人在劳动中不断丧失主体性，他们的劳动、生产行为是被迫的，不是自为自觉的主观性活动。他们付出得越多，得到得越少，在劳动中工人最终丧失了自我，这就是劳动异化理论。19世纪，不断爆发的工人运动使无产阶级站上了历史舞台，他们反对剥削他们的资本家，反对奴役他们的资本主义制度。如果说思想启蒙运动在女性世界中激起了涟漪，那么工业化的进程则完全推动了女性解放的进程。

19世纪开始，女性解放运动轰轰烈烈地拉开序幕。一部分女性对女性的处境提出了质疑：女性何以为女性？著名的存在主义女性主义作家波伏娃给出了答案："女人不是天生的，而是后天形成的。"① 她指出，女性的艰难处境实际上是来自男权社会的构建，顺从的、屈服的女性是男性构建出来的，以便维持自己的统治。女性要解放，而解放的目标从平权运动开始。平权运动是由女性发起的，要求与男性拥有同样的权利，以确保自己与男性实现形式上的平等。单从结果上看，虽然女性争取到了一些实质性的权利，但她们只是在部分形式上得到了平等地位而已，女性依然是受歧视的性别。女性以男性为参照，以男性在男权世界中构建的权利、成功、观念为参照进行自我解放，实际上，女性依然没有跳出自己面对男性作为客体身份的怪圈，这种主观能动的解放依然是物化意识下的解放。女性解放的世界是全新的和未知的，在女性解放者们想要构建的全新理想社会中，男

---

① 〔法〕西蒙娜·德·波伏娃：《第二性》合卷Ⅰ，郑克鲁译，上海译文出版社，2011，第90页。

性是她们的参照物，因为男性和女性在本质上十分相似，并且男性在他们的世界里创造了成功，所以女性将男性作为一种对象性进行看齐。

从上述理论角度来看女性解放的历史，女性经历了主动看齐男性、被动看齐男性、无意识地看齐男性这三个阶段。在这个过程中，女性丧失了自己的主体性，并且在异化和物化的作用下，用物象化的思维去指导女性解放运动。女性在男权社会中留下的客体烙印并没有因为反抗男权社会而得到根本的改变。

2. "女权"推翻"男权"

在整个女性受压迫的历史中，女性的性别和价值受到了来自男权社会的贬低。即使在女性解放初期，女性的"天生"友好性也体现在她们从未以女性价值去否定男性价值。波伏娃批评女性之所以变成客体、变为非本质且再也回不到本质，是因为女性本身并不想复归这一属性。她也尖锐地指出，女性解放初期的运动是"象征性的骚动；她们只挣到男人肯让给她们的东西"①。她认为女性与男性紧密地联系在一起，以至于女性不能作为一个整体去对抗男性，即使在梦中女人也不会消灭男人。那么，女性天生就是性别中的他者吗？普兰·德拉巴尔在 17 世纪说过："但凡男人写女人的东西都是值得怀疑的，因为男人既是法官又是当事人。"② 从人类已知的文明以来，男性一直在炫耀自己的主体性，而贬低女性的他者性。男性制定和编撰有利于男性的法律制度，立法者、教士、哲学家、作家都热衷于表明女性的软弱、低级，认为女性的存在是为了更好地服务男性。直到 18 世纪，只有少数男性客观地认为应当给予女性平等的权利和地位。这里提到的是男性，而不是女性，因为当我们提到立法者、哲学家、政治家这些社会头衔时，自然而然地会想到男性，男性往往代表权威。因此，民主的提出和提倡也出自男性之手，而男性为女性的平等地位发声显得极为珍贵。

---

① 〔法〕西蒙娜·德·波伏娃：《第二性》合卷 I，郑克鲁译，上海译文出版社，2011，第 12 页。
② 〔法〕西蒙娜·德·波伏娃：《第二性》合卷 I，郑克鲁译，上海译文出版社，2011，第 1 页。

但事实证明，这样的情况只是个别现象。工业革命的后果之一是女性广泛地参与生产劳动，这无疑是女性实践自我价值的绝佳机会。通过参与社会性劳动，女性在劳动中确立了自我价值，不仅成为男性的职业竞争者，同时也让男性发现女性不再温顺屈从，或者说不再是男性构建的理想伴侣，女性终于成为女性本身。为了证明女性低男性一等，反女性主义者重操旧论，从宗教、哲学、神学，甚至是生物学、心理学等各个方面贬低女性的价值。但是新时期的女性明白自身的价值和意义，从生活中获得了解放，在经济上实现了独立，女性敢于说出自己与男性平等的这一天然事实。

如果女性在从家庭走入社会、走向经济独立、走向自我价值确立的过程中，没有遭受现实中如此激烈的反对和阻挠，那么无论是女性解放运动还是女性主义理论思想都不会发展到现在的程度。女性在自我解放之初就受到了男权世界的反对，不仅仅是男性反对，甚至绝大多数女性也表现出极大的不理解，急于与那些女权主义者划清界限。由于反女性主义者的打压，女性在自我确立价值之后，激进地开始以女性价值来反对男性价值，这也使两性之间从主、客体的关系走向了对立的关系。哪个领域否定女性的价值，女性就在哪个领域与男性展开激烈的斗争。女性甚至按照男性的思维方式去挖掘自己的性别价值，并努力揭露男性性别的不足，以此形成对比来否定男性。在宗教意识形态方面，《圣经》一直被认为是最有力证明女性"先天不足"的证据，尤其是关于女性来源的说法更是被男性用来吹捧自己、贬低女性。[1] 因此，19 世纪女性主义圣经阐释研究兴起，其中最著名的是斯坦顿（E. C. Stanton）的《妇女圣经》（The Women's Bible）。她发现在女性现实社会中的屈从地位与《圣经》有着内在的联系，也意识到《圣经》的阐释权利掌握在男性手中，这难免会渗入大男子主义和对女性的贬低。该书强调《圣经》由男性创作，并且也是由男性进行阐释，带有深深的父权制意识烙印。19 世纪 70 年代早期，既具有影响力又传播甚广的文章

---

① 《圣经》中称夏娃作为人类第一个女性来源于亚当的一根肋骨，这被男性认定为女性是男性的一部分的论据。

包括斯维德勒（Leonard Swidler）的《耶稣是一个女权主义者》和特利波（Phyllis Trible）的《圣经诠释中的祛父权制》。前者在其著作中认为耶稣是一个实践男女平等的人，后者在其著作中论证女性被创造成与男性同等的肋骨，并且女性进入从属地位完全是因为接受惩罚的结果。她还强调，上帝有时也会以女性的形象现身，这就足以证明上帝对男女是平等对待的。从生物学角度看，一些女权主义者认为男性的生理构造并未像女性那样完美进化，男性外露的生殖器官带有原始人类，甚至更早时期生物的痕迹，这说明男性并未完全进化成为"合格"的"人类"，而其能够成为社会的中坚力量完全是因为他们那暴力且发达的肌肉。

在文学上，女性批判男性文学内容单一、写作手法雷同等问题，并认为男性文学虽然气势磅礴，但缺乏对细节的刻画和人物心理的捕捉，这样的作品显得没有灵魂。而英雄主义的书写手法也被视为歌颂男性、强调男权的一种手段。在哲学中，对女性的最大歧视之一在于，虽然承认女性作为人类，但认为她们缺乏如同男性那样的理性思维，不能成为探索、开拓未来世界的领导核心，认为厨房才是女性最好的选择。女性批判男性的这种自负哲学完全忽视了女性不能接受教育这一前提事实，而所谓的理性完全可以通过后天学习获得。总之，女性在生活的各个方面挖掘和强调一些独一无二的女性价值，这推动了第二波女性主义运动达到高潮，同时也使得社会中的两性对立关系达到了顶峰。

经历了女性价值觉醒和男女价值争论之后，两性关系发生了根本性的转变。两性对象性实际上是将女性视为客体、屈从于男性的两性关系。在女性觉醒之前，两性对象性关系之间保持着一种表面上的和平稳定，即便是在男权社会之下。然而，女性的觉醒打破了这种"和谐"的两性关系，两性对象性关系走向了对抗阶段。20世纪60年代诞生于美国的激进主义女性主义流派对父权制、男权制社会的批判最为激烈和深刻，其理论建树也明显区别于以往的女性主义流派。著名的激进主义女性主义作家凯特·米利特是最早将父权制概念引入女性主义理论之中的人，她对父权制对女性的压迫进行了深刻的揭露："对我们的两性关系制度进行公正调查后，我们发现，从历史到现在，两性之间的状况正如马克斯·韦伯所说的那样，是一种支配与从属的关系。在我们的社会秩序中，基本上未被人们检验过的甚至常常被否认的（然而已经制度化了的）是男人按照天生的权利统治女人。一种最巧妙的'内部殖民'在这种体制中得以实现，而且它往往比任何种族隔离更加坚固，比阶级的壁垒更加严酷，更加普遍，当然也更为持久。"[1] 激进女权者们使女性认识到什么是男权制、父权制，以及女性受压迫的根源是如何与父权制有着深深的联系。米利特认为解放女性的关键是"不再把男性最高权威看作与生俱来的权利；否则，所有的压迫制度都还将继续发挥作用，这仅仅是由于在最初人类处境中它们得到了逻辑上和情感上的规定"[2]。针对男权社会，激进女性主义者们成立了一些女权组织，例如 1968 年在美国成立的"女权主义（Feminist）"，1969 年，纽约的激进女性成立了"红袜子"组织，同年 12 月成立了"纽约激进女权主义者"等。[3] 这些组织发表自己的组织宣言，无一例外地都是向男权社会发起挑战。她们希望通过自己的言论和运动尽快结束男权统治，实现女性自由解放。这些女权组织及其激进的女权言论宣布她们要推翻男权统治。为了对抗这个庞大且顽固的群体，必须建立起团体和运动纲领，用"女权"对抗"男权"被认为是合理且有效的方式。激进的女权主义者走上街头，抗议美国小姐选美比赛，将美国小姐称为"压抑的妇女形象"，抗议以男性审美为标准的女性审美观。她们抗议美国的婚姻制度，认为婚姻制度中权利的失衡赋予了男性对女性身体的控制权。她们举行大规模的游行示威活动，兴奋地向世人宣布："今天是新运动的开始，今天是千年压迫的结束。"激进的女性主义者们如同男性一样强调性别差异，建立利于自己的性别差异论，以女性为中心，这也是女性强调自身主体性的一种表达。然而，无论是"中心"论，还是试图以"边缘"去压制"中心"，都无法从根本上改变女性受压迫

① Kate Millett, *Sexual Politics* (New York: Garden City, Doubleday &Company, Inc, 1970), pp. 24–25.

② Kate Millett, *Sexual Politics* (New York: Garden City, Doubleday &Company, Inc, 1970), p. 25.

③ 王政：《女性的崛起——当代美国的女权运动》，当代中国出版社，1995，第 127 页。

的现实，也无法实现女性真正的解放，反而会加深两性之间的对立关系。

3. "性别"取代"人性"

人性即人的本质，也是人的本质的另一种表达形式。性别则代表一种中介，通过它，主体作为类属性得以具体实现。性别特质的显现是人作为主体能动性的表现，因此性别的中介作用证明了性别并不能取代人性来表达人的本质。两性关系从同一性到对立性的转变始终都在对象性的范畴中发生。对象性也会使两性之间对性别的理解上升到"人性"的高度，即认为两性之间必然存在一种更优越的性别，这种性别被视为人类最终的目标，是最高人性的表达。这种优越因子存在于两性的差异性之中，对差异性的强调间接导致了拒绝两性的同一性。

无论从哪个学科角度分析性别，性别都代表着差异，而正是由于存在男女差异，才会有性别之分。从生物学角度看，男性和女性可以被称为雌性和雄性，是同一个物种出于繁殖目的而彼此相异的两类个体。性别优越论主义者认为在生命诞生的源头上可以找到性别差异的原因。亚里士多德作为一位男权主义者，曾提出这样的设想：胎儿是由精子和卵子相遇而产生的，在这种共生之中，女性仅仅提供被动的物质载体，而男性则是生命的本源，是主动的、运动的生命。① 虽然随着科技的进步，这种假设已被证实是错误的，但亚里士多德的观点并未完全失去影响力。黑格尔也认为两性之间男性是主动的，女性是被动的，"因此，男人由于这种区别成为主动的本原，而女人是被动的本原，因为她处于未发展的统一体中"②。这种从精子和卵子的特质来界定男性与女性的做法是荒谬的。黑格尔之后正确地指出，两性关系不应归结为两个配子的关系。科学的生物学最终告诉我们，精子与卵子在孕育生命的过程中都是必要且平等地存在，因此两性差异的产生是合理且平等的。精神分析学认为，如果被赋予人的意义，任何外部因素都无法介入心理生活。精神分析学从人类成长过程中发现，心理活动

---

① 〔古希腊〕亚里士多德：《亚里士多德全集》第 5 卷，崔延强译，中国人民大学出版社，1997，第 242 页。

② 〔德〕黑格尔：《自然哲学》，梁志学、薛华译，商务印书馆，1980，第 69 页。

是使两性形成区别的主要因素。著名的精神分析学家弗洛伊德认为两性从幼儿时期的成长应当划分几个阶段，并给出了女性在这个过程中逐渐从反抗自己的女性身份到接受自己女性屈从地位的心理学解释。但是他对女性的描述遭到了批评，因为他仿照了男性的例子来描述女性。在他的描述中，男性早已在成长过程中完成了对自身性别的认同并确立了主体性，而女性则从孩童时期就在"男性化"和"女性化"的抉择中徘徊。最终，精神分析学认为，主体异化的行为被视为女性的特征，正如主体确立超越性的行为被视为男性的特征。以男性视角的精神分析书写揭示了两性形成的双重标准：男性将女性成长过程中复杂的心理描写看似合情合理，实际上却是在宣扬一种男性为主体、女性为他者的观念。两性之间的生理差异直接导致了两性之间的心理和行为差异，并因此打上了不平等的标签。历史唯物主义观点认为，女性的屈从地位源自劳动分工以及私有制的出现。在技术不发达的时代，女性体力上的弱势是女性走向屈从的第一步。恩格斯认为奴隶主和男人成为女性的所有者，"乃是女性的具有世界历史意义的失败"[①]。如果男性与他的同类们始终保持着友好的合作关系，就无法解释任何奴役现象的存在。奴役恰恰是人类在客观上获得主宰地位的意识扩张的结果。如果人的原始意识中没有他者的范畴以及统治他者的意愿，那么发明青铜器就不会引发任何形式的奴役，包括对女性的奴役。

女性长期在性别对象化的两性关系模式中生存，以男性为主体，自身为客体，会形成以男性为主的思维模式。当男性以各类学说试图说服女性接受自己的性别优于女性时，女性对此深信不疑，在贬低女性的同时，男性的性别地位得到了对比性的提高。尽管女性解放思潮揭露了女性天生低劣的各种谎言和学说，但女性在短期内仍难以摆脱以男性为中心的思维模式，或者说"性别"代替"人性"的思维模式。女性以男权世界的一切标准为自我标准，画地为牢。女权主义者认为男性一直占据着性别的制高点，这导致女性主义的解放思路是与男性争夺性别的高点：男性拥有什么，女

---

① 《马克思恩格斯文集》第 4 卷，人民出版社，2009，第 68 页。

性就争取什么；男性用什么论据贬低女性，女性就以相同的论据反抗男性。

在之前的章节中，笔者已经论证过两性之间不平等的性别关系必然导致两性之间的异化和物化。女性在一种异化环境中寻求平等，这反而造成了女性解放的缺失。法国著名哲学家皮埃尔·勒鲁曾说过："妇女应该在男子帮助下和男子一道站起来，而男人也应该在妇女的帮助下和妇女一道站起来，而绝不要把两性之间的共同事业分割和区别开来。"① 皮埃尔为人类指明了女性解放的正确道路。然而，实际情况却恰恰相反：女人和男人成为两个相对立的阵营——男性既不想让女人站起来，而女人也想将男性拉下"人性"的神坛，自己跻身而上。

从人的本质角度出发，男性与女性应当是平等的。两性差异不应成为区分男、女为两个不同个体的依据，而应当被视为一个个体的两个方面。性别差异的存在是两性平等的基础。男人与女人作为人类，具有同一性；作为性别的两个方面，具有差异性——这是人类平等且共生共存的基础。如果感性成为女性群体的一个类属性，而理性作为类属性成为男性天生所有的特性，那会有什么问题呢？一个地区或国家的居民不也是拥有某些共同的特点以区别于其他地区的人民吗？女性的某些特质使其区别于男性，但这不应意味着屈服于男性，也不应成为男性的"他者"。女性主义运动初期，绝对平等的口号使女性主义运动陷入了被动的局面。后来，差异进入了女性主义者的视野中，她们发现差异的存在并非男性奴役女性的直接原因。于是，她们采取措施以弥补差异带来的不平等，以实现一种程序性的平等。基因决定了世界上没有完全相同的两个人，即使是双胞胎也有实质上的差异存在。人类从出生那一刻起就与其他人生而不同：有人会成为百万富翁，有人则可能成为街头乞丐。因此，为了社会正义，著名的哲学家约翰·罗尔斯在其著作《正义论》中提出了两条正义原则："第一个原则：每个人对与其他人所拥有的最广泛的基本自由体系相容的类似自由体系都应有一种平等的权利。第二个原则：社会的和经济的不平等应这样安排，

---

① 〔法〕皮埃尔·勒鲁：《论平等》，王允道译，商务印书馆，1988，第49页。

使它们（第一个原则）被合理地期望适合于每一个人的利益；并且依系于地位和职务向所有人开放。"① 如果人人相同，那么这个社会就不需要平等。正是因为人人不同，平等才成为一种原则，一种信条，成为哲学家们口口相传的社会正义。然而，有人将差异变成了差别，理解成了差距，这就使得平等成为人类永恒追求的真理。

两性之间的差异成为人类社会中差异的一种缩影。人们往往将不平等的现象归咎于差异的存在，认为差异是形成人与人之间差距的原因，这实际上是一种误解。波伏娃指出，性别的分工本应带来和平的合作关系，青铜器的发明不应带来战争，而性别差异应当促进两性之间的和谐。但历史证明，这一切都没有如愿以偿，这是人类在客观意识上要追求主宰地位并进行扩张的结果。男性将女性视为他者，将自我性别置于主导地位，自我权威的树立往往伴随着男性权威的强化。而女性，试图通过种种证据来证明自己的性别同样具备男性所拥有的优势，却恰恰在这个思想误区中迷失了自我解放的真正方向。将"性别"凌驾于"人性"之上，女性无法得到真正的解放，而男性也在这种异化的两性关系中同样无法得到真正的解放。

---

① 〔美〕约翰·罗尔斯：《正义论》，何怀宏等译，中国社会科学出版社，1988，第56、237页。

第三章　两性平等的异化与变革

异化理论是一种学术建构，在这一建构中，马克思揭示了资本主义生产方式对人的毁灭性影响，包括对人的肉体和精神状况的影响，以及对社会进程的影响。异化理论最重要的形式是内在关系，之所以如此重要，是因为它决定了伦理的应用。每一种状态都是另一种状态的参照，异化也可以被理解为非异化状态的缺失。非异化状态是指人类在共产主义社会中的生活状态，即人性得以复归的"自然状态"。因此，马克思使用"异化"一词来指代一种"远离"或"达不到"的非异化的人类存在状态。异化理论不是一个总结，而是一个新的观察点，从这一点出发可以观察人类，并据此展开讨论。马克思对人的探讨往往置于现实世界和社会关系之中，而异化的人在现实社会中反而成了一个抽象物，因为他失去了与人的所有特性的联系。人在执行无差别的目标以及从事无差别的工作时，几乎丧失了其与活动、产品以及同伴关系的联系，而这些关系正是证明人类本质特有的类特性的方式。因此，克服异化意味着将分裂的状态复归统一。马克思认为共产主义是"人向自身、向社会的即合乎人性的人的复归，这种复归是完全的，自觉的和在以往发展的全部财富的范围内生成的"，"一切异化的积极的扬弃，从而是人从宗教、家庭、国家等等向自己的人的存在即社会的存在的复归"[①]。

马克思通过观察资本主义社会工人的生存状况，提出了异化劳动概念，从而将异化概念构建成一种理论，并使其内涵得到了丰富和发展。发展异

---

① 《马克思恩格斯全集》第 3 卷，人民出版社，2002，第 297~298 页。

化理论的目的在于，从这一焦点出发观察人类并对其进行讨论，以一种哲学思考的方式去理解和解决社会问题。当我们将异化理论应用于女性群体、女性解放思潮和运动时，可以发现无论是过去的性别不平等现象还是现代的女性解放斗争，都以一种异化的方式存在着。如果不能发现这些现象背后复杂的内在关系，就很难剥离出性别平等的真正内涵以及科学的女性解放思路。我们的任务就是使用异化理论来分析女性本身的异化问题，以及在女性解放过程中产生的异化影响，并运用科学的思维方式和理论来克服存在于女性及女性解放过程中的异化问题，最终实现女性以及两性即人类的真实的社会存在状态。

一　异化理论

马克思站在无产阶级的立场上，吸收并借鉴了黑格尔等人对异化概念的理解，形成了以异化劳动为中心的理论，对资本主义社会中的异化劳动现象进行了揭露和批判，进而揭示了资本家们通过劳动及其成果对工人进行的控制和剥削。通过对异化劳动的揭露，马克思确立了人的本质问题：人即通过劳动创造的人，劳动创造是人的本质属性。因此，围绕着劳动创造展开的人的本质研究使异化劳动理论的内容扩展到了对人类社会异化问题的研究。

1. 异化劳动理论产生的背景

马克思的异化劳动理论主要受到了黑格尔的外化思想、费尔巴哈的宗教异化思想以及赫斯的经济学异化思想的影响。黑格尔认为，外化和广义上的异化是同义的。黑格尔也有狭义上的异化概念，主要出现在两个地方。一是在《精神现象学》的"自我异化了的精神：教化"一节中，指的是在伦理实体破裂、世界陷入无序、个人丧失自我意识的情况下，自我形成有序世界从而使得实体成为外在现实的过程。二是在《自然哲学》中，指的是绝对精神外化为自然的过程。由于精神一开始没有认识到自然是由自身外化而来的，所以自然对精神来说是"陌生的"，是"异在"。黑格尔有时不加区别地使用外化和广义上的异化，因此在对黑格尔的研究中这两个概念时常纠缠在一起。但从绝对精神的整体发展过程来看，狭义的异化只是外化的个别环节，是从属于外化的。就最一般的理解而言，哲学上的异化指的是从一个主体派生出来的东西，作为不依赖于主体的力量与主体相对立。黑格尔开启了现代性反思的辩证——整体主义维度。黑格尔受到了康德启蒙思想的影响，集中代表了现代性自我确证和自我理解，他的现代性解决方案即弥合主客二分、扬弃外化从而达到同一性的方案，也就是精神与自身和解的方案："这种最高的分裂，就是思维与存在的对立，一种最抽象的对立；要掌握的就是思维与存在的和解。从这时起，一切哲学都对这个统一发生兴趣。"① 黑格尔的"外化"和"内化"要达到的目的，是在有限中实现无限，是在时间中实现超越，或者说"横向的超越"。但由于外化的内核是无时间的绝对精神，内化的最终结果也超出了时间范畴，成为无时间的绝对知识，所以黑格尔的整个精神体系其实只有中间部分在时间之中，而"头"和"尾"则在时间之外。就此而言，黑格尔仍然预设了一个永恒的领域，从而并未真正实现"横向的超越"，而仍然是一种"纵向的超越"，也就并未彻底扬弃异化。黑格尔的现代性反思以深沉的历史感批判了主观思想，关注了社会现实，但他将"和解"理解为精神的自我认识，表明他的现代性解决方案仍然局限于主体性内部，未能走出意识哲学的范式。因此，黑格尔哲学仍然未能超出形而上学的范畴，也未给出扬弃外化（异化）的最终解决方案。

在《手稿》中，马克思对黑格尔的外化理论进行了批判。首先，马克思认为黑格尔把人的本质等同于自我意识。"因为黑格尔理解到——尽管又是通过异化的方式——有关自身的否定具有的积极意义，所以同时也把人的自我异化、人的本质的外化、人的非对象化和非现实化理解为自我获得、

---

① 〔德〕黑格尔：《哲学史讲演录》第 4 卷，贺麟、王太庆译，商务印书馆，1978，第 6 页。

本质的表现、对象化、现实化。"① 其次，黑格尔将外化的主体与客体颠倒了。在马克思看来，异化的主体是人的本质，是人的自由自觉的活动，而黑格尔强调的外化的主体是绝对精神，具有逻辑上的"先在性"，因此，黑格尔所理解的异化是在观念的框架下进行的。最后，马克思批判黑格尔的外化思想及其扬弃都是局限于理论范畴之内，马克思认为，异化的扬弃只有通过真正的实践，通过人的积极的感性实践活动，通过共产主义才能实现："共产主义是私有财产即人的自我异化的积极的扬弃，因而是通过人并且为了人而对人的本质的真正占有。"②

马克思批判性地借鉴了费尔巴哈的宗教异化理论以及关于人的本质的论述，最终形成了完善的异化劳动理论。费尔巴哈在《基督教的本质》中分别对人的本质以及宗教的本质作出了详细的描述。费尔巴哈认为，上帝是人的本质的"自我异化"，上帝的本质不过是人的本质的"虚幻反映"，"上帝的人格性，本身不外乎就是人之被异化了的、被对象化了的人格性"③。"上帝的活动、恩典，乃是人的被异化了的自我活动，乃是被对象化了的自由意志。"④ 费尔巴哈对宗教进行批判的目的，是要把宗教世界还原为世俗世界，用人的类本质的崇拜代替对上帝的崇拜。虽然费尔巴哈曾经是青年黑格尔派中的一员，但他对人的本质的理解大大区别于黑格尔。费尔巴哈认为，人是现实世界中的感性的人，并不是黑格尔所说的绝对精神。通过对比现实世界中的实实在在的感性存在的人与黑格尔所说的绝对精神，费尔巴哈对黑格尔的唯心主义进行了批判。马克思对费尔巴哈关于宗教批判以及人的本质论述的部分内容给予了积极的肯定。马克思认为费尔巴哈揭露了宗教的秘密，并将宗教世界归结于它的世俗基础。同时，马克思也认为费尔巴哈将宗教的本质归结为人的本质是一项重要的成果。这

---

① 《马克思恩格斯全集》第 3 卷，人民出版社，2002，第 332 页。
② 《马克思恩格斯全集》第 3 卷，人民出版社，2002，第 297 页。
③ 〔德〕费尔巴哈：《费尔巴哈哲学著作选集》下卷，荣震华、李金山译，商务印书馆，1984，第 267 页。
④ 〔德〕费尔巴哈：《费尔巴哈哲学著作选集》下卷，荣震华、李金山译，商务印书馆，1984，第 187 页。

可以从两个方面来理解。一是深化了宗教批判本身。把宗教的本质归结于人的本质，既克服了鲍威尔等人将圣经故事归结为"群体无意识"和"个体自觉意识"的局限性，强调宗教是具有类本质"人"的异化，又克服了18世纪唯物主义者将宗教神学归结为人类"理性的迷惑"或"无知"的局限性，强调了宗教是人的本质包括"理性、意志、心"的异化；二是为世俗的批判创造了前提。马克思强调"对宗教的批判是其他一切批判的前提"①，为世俗批判和人的探究寻找科学的方法论提供了出发点。马克思认为费尔巴哈代表的旧唯物主义在揭露宗教的本质上作出了巨大的贡献，但由于无法真正揭示宗教产生的根源，其对宗教的批判始终是不彻底的。宗教产生的根源是世俗基础的自我分裂和自我矛盾。宗教的产生既有认识论、心理学的原因，也有社会、阶级的根源，严格来说，宗教是阶级社会中产生的，是"支配着人们日常生活的外部力量在人们头脑中的幻想的反映，在这种反映中，人间的力量采取了超人间的力量的形式"②。消除宗教的根本途径恰恰是变革产生宗教的世俗基础，而不是像费尔巴哈那样仅仅将宗教还给世俗基础。虽然费尔巴哈关于人的本质概念较黑格尔更加具体，但在马克思看来，其人的本质理论学说依然过于抽象，他仍然在旧唯物主义的圈子内徘徊，离开了人的历史发展和社会关系来考察人的本质。因此，马克思在批判费尔巴哈的"人学"基础之上提出人的本质在其现实性上是一切社会关系的总和。

赫斯是将异化从哲学领域应用到经济学领域的先驱，他认为货币的扬弃与共产主义的实现有着内在的关联，这一思想的提出开启了异化研究领域的转换路径。赫斯对异化问题的批判逻辑对马克思异化观的构建有着较大的影响，两者的异化理论有着内在的关联性。赫斯认为，金钱是人本质的异化，也是统治人、支配人的力量，并认为私有制是异化的根源。以往对异化的批判多停留在宗教领域和政治领域，赫斯在以往对异化批判的基

---

① 《马克思恩格斯选集》第1卷，人民出版社，2012，第1页。
② 《马克思恩格斯文集》第9卷，人民出版社，2009，第333页。

础上，把人的本质理解为人的交往关系，特别是物质交往关系，从而试图把人的本质归结为社会本质，并引向实践生活层面，转向了经济领域。在马克思没有进入研究经济领域之前，赫斯就已经意识到了政治解放的局限性，认识到它不能带领人类实现真正的解放。马克思从赫斯这里获得了启发，实现了从政治研究到经济研究的转向，并找到了人类社会异化的根源。此外，赫斯在其著作《论货币的本质》中对人的类本质进行了阐述，他认为人的类本质特性体现在人与人全面交往的社会活动之中，而资本主义私有制使人因为金钱利益而相互对立，类本质沦丧，货币的兴盛发达则成为代替类本质实现人与人之间交往的媒介。虽然很多人批判赫斯的这一理论不具有经济学的科学性，但这种对经济的批判转向对马克思产生了重要的影响。

马克思批判性地继承了黑格尔、费尔巴哈和赫斯的异化理论思想，最终形成了异化劳动理论。马克思的异化劳动理论是异化理论历史上的一次变革，为接下来的异化理论发展起到了承前启后的作用。异化阶段具有历史必然性，会渗透到社会生活的各个方面，人与社会都逃脱不了异化的渗透，但最终会被共产主义社会所扬弃。

2. 异化劳动的内容

马克思在接受了黑格尔等人的异化理论概念之后，进一步深化了自己的哲学批判，并将这一批判同对英国古典政治经济学和英法空想社会主义的批判结合起来，发展和论证了自己已经获得的新观点，最终形成了《手稿》，而异化劳动则是手稿中的重要内容。马克思对异化劳动的关注源于他对劳动的积极肯定。在《手稿》中，马克思第一次在理论上系统地讨论了劳动的性质及其作用。他认为，人对自我的确证并不是单纯地靠意识活动，而主要是通过对自然界的能动改造。正是通过生产劳动，"创造对象世界，改造无机界，人证明自己是有意识的类存在物"[1]。并且，这种劳动创造是人类所独有的，人能够将劳动变成自己意识的对象，因此，它在本质上是

---

[1] 《马克思恩格斯文集》第 1 卷，人民出版社，2009，第 162 页。

自由自觉的，是人与动物相区别的根本标志。"有意识的生命活动把人同动物的生命活动直接区别开来。正是由于这一点，人才是类存在物。"① 他同时还认为，劳动、物质生产是感性世界的现实基础，"工业的历史和工业的已经生成的对象性的存在，是一本打开了的关于人的本质力量的书，是感性地摆在我们面前的人的心理学"②。人及人类社会在劳动中存在和发展，而自然界也不像对动物那样直接地存在，而是按照被人劳动改造的程度而存在。但是，劳动的这种本质及作用在资本主义社会条件下就不能自由自觉地发挥了，而是变成了奴役劳动者的异化劳动。对人确证的生产劳动，在资本主义条件下却表现为对劳动者——工人——的奴役，这种工人从事的生产活动反过来奴役工人的劳动就是异化劳动，它与作为人的类生活的劳动相对立。马克思指出："劳动的这种现实化表现为工人的非现实化，对象化表现为对象的丧失和被对象奴役，占有表现为异化、外化。"③ 马克思正是通过劳动异化概念对资本主义社会和资产阶级进行批判和揭露的。

马克思在《手稿》中提出了"异化劳动"及其"四个规定"：①劳动产品的异化；②劳动活动本身的异化；③人的类本质的异化；④人与人的异化。其中，劳动产品的异化是劳动活动本身异化的结果，而人的类本质的异化与人的异化是一个问题的两个侧面（因为人是人的社会关系的总和）。劳动本身的异化导致劳动产品、人的类本质以及人与人之间的异化，因此，劳动活动本身的异化研究是异化劳动的重要内容。马克思在《手稿》中这样描述劳动活动本身的异化："首先，劳动对工人来说是外在的东西，也就是说，不属于他的本质；因此，他在自己的劳动中不是肯定自己，而是否定自己，不是感到幸福，而是感到不幸，不是自由地发挥自己的体力和智力，而是使自己的肉体受折磨、精神遭摧残。"④ "他的劳动不是自愿的劳动，而是被迫的强制劳动。这种劳动不是满足一种需要，而只是满足劳

---

① 《马克思恩格斯文集》第 1 卷，人民出版社，2009，第 162 页。
② 《马克思恩格斯文集》第 1 卷，人民出版社，2009，第 192 页。
③ 《马克思恩格斯文集》第 1 卷，人民出版社，2009，第 157 页。
④ 《马克思恩格斯文集》第 1 卷，人民出版社，2009，第 159 页。

动以外的那些需要的一种手段。劳动的异己性完全表现在：只要肉体的强制或其他强制一停止，人们就会像逃避瘟疫那样逃避劳动。外在的劳动，人在其中使自己外化的劳动，是一种自我牺牲、自我折磨的劳动。"① 劳动活动的两个本质环节：精神活动和生命活动相结合。而在异化劳动活动中，这两个本质环节相互分离，这也是异化劳动出现的根源。"劳动活动本身的异化"可以归结为两个本质环节异化的表现：第一，劳动者的生命活动在劳动中受到损伤，他所进行的劳动并不属于他的本质，而是为了生存被迫进行的劳动，这种劳动对劳动者本身是一种折磨，但却是不得不进行的生产活动；第二，劳动者的精神能力在劳动中受到压抑和摧残，精神活动只在劳动之外的活动中才得到表现。正是由于劳动者所进行的是一种片面性劳动，这个活动本身便丧失了结合精神能力的特性，劳动者不能在进行这种肉体活动的同时发挥他的精神能力（包括认识能力、审美能力和自由意志）。劳动活动本身的异化出现之后，直接作用的结果就是劳动产品的异化。"工人对自己的劳动的产品的关系就是对一个异己的对象的关系。因为根据这个前提，很明显，工人在劳动中耗费的力量越多，他亲手创造出来反对自身的、异己的对象世界的力量就越强大，他自身、他的内部世界就越贫乏，归他所有的东西就越少。"② 劳动产品作为一种异己的存在物，是资本家积累财富的主要内容，而产品积累得越多，资本家对工人阶级的剥削就越深。劳动产品对劳动者来说，既不是本身生命活动和精神活动结合创造出的产物，也不是属于劳动者所有的，而是劳动者为了维持生命活动被迫进行的一种生产结果。人是类存在物，而这种类特性需要在自由自觉的劳动中确证出来，即人的类本质必须对象化。人在自我创造出的产品和改造的自然界中逐渐地进行了类本质的确证。而异化劳动的出现，使人既失去了自由自觉的劳动，也丧失了赖以实现和确证其活动的对象世界，因而，"对人来说，异化劳动把类生活变成维持个人生活的手段。第一，它使

① 《马克思恩格斯文集》第 1 卷，人民出版社，2009，第 159～160 页。
② 《马克思恩格斯文集》第 1 卷，人民出版社，2009，第 157 页。

类生活和个人生活异化；第二，它把抽象形式的个人生活变成同样是抽象形式和异化形式的类生活的目的"①。当工人与自己的劳动、劳动产品以及类本质相异化后，必然会出现人与人之间的相互异化。"当人同自身相对立的时候，他也同他人相对立。凡是适用于人对自己的劳动、对自己的劳动产品和对自身的关系的东西，也都适用于人对他人、对他人的劳动和劳动对象的关系。"②

上述规定暴露了资本主义的非人性和反人道性。在马克思看来，异化劳动虽然有其不合理性，但有其深刻的历史必然性。历史是人的本质力量确证的过程，即使在私有财产制度之下，人的本质力量也在异化的形式下实现着，异化和扬弃异化是在同一个过程中的不同面而已。因此，异化的出现和扬弃异化的过程是人的本质力量实现过程中必然出现的环节。那么，如何扬弃异化呢？马克思在《手稿》中不仅规定了异化劳动的四个内容，同时他也认为私有财产是异化劳动的产物，它又反过来成为劳动借以异化的手段。因此，扬弃异化的过程就是扬弃私有财产的过程。马克思从经济学和哲学相结合的角度出发，得出了共产主义是扬弃私有财产的现实运动，是人的解放和复原的一个现实的必然的环节。在共产主义运动基础上建立起来的真正的人的社会，是人与人、人与自然彻底和解的社会。

3. 异化理论的发展

随着马克思"异化劳动"理论的问世，关于马克思"异化劳动"内容以及关于异化的讨论不断地扩大。西方学者不断研究"异化"概念，在马克思的"异化"理论基础之上不断地进行解释和创新，将"异化"概念发展成为一种批判性理论，并应用在哲学研究以及社会研究中。

20世纪20年代，卢卡奇受黑格尔和马克思的影响，转向了对商品经济的研究。受马克思《资本论》中的"商品拜物教"理论影响，卢卡奇提出了"物化"概念。其理论内涵既与马克思的劳动"异化"概念有许多异曲

---

① 《马克思恩格斯文集》第1卷，人民出版社，2009，第161~162页。
② 《马克思恩格斯选集》第1卷，人民出版社，2012，第58页。

同工之处，又有观念独到之处。"物化"一词也是贯穿《历史与阶级意识》一书的一个中心概念。它是指人的活动、他自己的劳动成为对他来说客观和对立的东西，而这种对立又可以分为主观和客观两个方面。客观上，这种对立事物的存在会衍生出一个新的世界（例如商品在市场上的规律运动），这个范畴内的规律可以被人类认识甚至加以利用，但是人们却无法改变它；主观上，人的劳动衍生出的这种对立的客体是服务于客观世界自然规律的，对人来讲则是异己的。相对于劳动异化阶段，拜物教现象是商品经济社会发展中出现的更高级别的异化阶段，而卢卡奇的"物化"理论是以"商品拜物教"为理论基点，开辟了更为全面的异化新境界。卢卡奇认为商品拜物教问题是一个阶段性的问题，即资本主义社会制度下的特有产物，虽然它隐藏在了商品交换关系当中，但是又作为一种"物化意识"侵蚀人的思想，"正像资本主义制度不断地在更高的阶段上从经济方面生产和再生产自身一样，在资本主义发展过程中，物化结构越来越深入地、注定地、决定性地沉浸入人的意识里"[1]。不同于马克思的"异化劳动"理论主体是劳动者以及劳动产品，卢卡奇认为，在资本主义制度下，无人能逃脱"物化意识"的影响，因为每一个人都是商品经济社会中商品交换行为运行的载体和要素，所以，扬弃"物化"的路径也决然不同于"异化"。物化意识强调了对人类意识上的物化侵蚀，并形成了一种"物化"的思维方式，而这种"物化"的思维方式又会衍生出各种新型的异化行为。

　　法兰克福学派是 20 世纪最大的西方马克思主义流派，其理论主要来源于马克思对资本主义制度的批判性理论，并以此为自己的理论基础。消费是商品经济社会运行中的一个重要环节，是社会进行再生产的动力，同时人们通过消费以满足自身基本生活需求。随着商品经济社会的发展，消费的目的已经不再是简单地满足人类基本生活需求，而是产生了不必要的消费，那么消费就已经背离了需求与价值实现的应然特性，"消费异化"现象就出现了。马尔库塞认为，人的本质特征不是追求物质享受，而是摆脱物

---

① 〔匈〕卢卡奇：《历史与阶级意识》，杜章智等译，商务印书馆，1996，第 156 页。

质对人的控制，去追求更高尚的东西。但是，在现代西方资本主义社会中，人的本质特征恰恰相反，"现行的大多数需要，诸如休息、娱乐、按广告宣传来处世和消费、爱人之所爱与恨人之所恨，都属于虚假的需要这一范畴"，"这样的需要具有社会的内容与功能，它们取决于个人所无法控制的外力；这些需要的发展和满足是受外界支配的"①。马尔库塞指出，这种消费魔力支配着人们去追求层出不穷的新商品，使消费者忘记本身的需求，而制造出一种虚假的需要，这也是资本主义制度对人进行控制和奴役的一种新形式。马尔库塞将消费异化问题视为人的本质异化的一种表现，人的价值被确立在商品之中，"人们似乎活在他们的商品之中；他们的灵魂困在他们的小轿车、高清晰度的传真装置、错层式家庭住宅以及厨房设备之中"②。因此，马尔库塞认为，消费异化问题是人的本质异化的一种表现，扬弃消费异化的路径等同于扬弃人的本质异化，那么就必须通过人的自我实现和人的解放的社会主义革命来解决。

弗洛姆吸收借鉴了马克思主义异化理论，从性格结构和心理机制方面对现代社会中的异化现象进行了揭露。弗洛姆认为，现代社会中异化无处不在，无论是人还是其从事的工作、国家、人所消费的物品，还是人与自身的各种关系中，都充满了异化。如果说异化是一种生存体验方式，那么人类应当在自己创造的世界中感受到自我主体性和中心性的地位；相反，人在自我创造的世界中却成为客体，成为服务于这种生存方式的奴隶。因此，弗洛姆认为："19 世纪的问题是上帝死了，20 世纪的问题是人死了。在 19 世纪，无人性意味着残忍；在 20 世纪，则意味着精神分裂般的自我异化。过去的危险是人成为奴隶；将来的危险是人可能成为机器人。"③ 弗洛姆从心理学角度分析指出，现代社会中的人急于摆脱各种束缚以获得自由，然而当个体自由充分实现时，人在心理上又滋生出无依无靠的孤独感，没有充分的依靠与丰富的社会关系，又使人逃避自由，寻求权威的依赖感以

① 〔美〕马尔库塞：《单向度的人》，刘继译，上海译文出版社，2014，第 6 页。
② 〔美〕马尔库塞：《单向度的人》，刘继译，上海译文出版社，2014，第 9 页。
③ 〔挪〕弗洛姆：《健全的社会》，孙恺祥译，中国文联出版公司，1988，第 370 页。

获得庇护，这正是心理异化的集中表现。弗洛姆最后给出了扬弃这种心理异化的路径，即通过变革制度（建立人道主义社会）、变革精神（倡导爱与集体意识）等来克服异化。

西方存在主义马克思主义流派也提出，异化既是哲学概念也是社会学概念，因为异化不仅仅存在于一种生产关系当中或者一种制度当中，而是存在于社会生活的全部领域当中，因此人类社会中的矛盾只能用异化理论来解释说明。西方哲学家、社会学家们在马克思的基础上赋予异化更多内容，使异化理论不仅是一种批判性工具，更是一种解释分析的工具，用以解释社会现象中的种种社会矛盾，而异化的最终落脚点依然是人的本质问题。运用异化理论内容分析当代女性解放运动，尤其是第三波女性主义运动浪潮中出现的问题，是对异化理论的科学应用，同时也是解决女性解放过程中所遇到的问题、推动女性解放进程的重要方法。

二　异化理论下的女性现状

异化理论已经成为一种工具，用于对现实社会进行揭露和批判。在整个解放过程中，女性的一些行为表现已经明显地呈现异化的态势。而以异化的眼光去看待现代的女性解放，女性解放中的各个因素均已异化。女性的类本质异化是其他异化的根本原因，类本质的丧失使女性的身体、行为、心理等方面均出现异化表现。例如，女性心理异化使女性既渴望自由，又逃避自由，这也是女性解放总是徘徊不前、解放不具有彻底性的直接原因。以异化理论分析、批判女性解放，可以有效地分析出问题所在。并且，马克思提出了科学的扬弃异化路径，使女性解放的异化问题可以得到圆满的解决。

1. 女性"类本质"异化

人是类存在物，自由自觉的活动即劳动，是人的类本质。人的类本质需要在对象世界中对象化和确证，这一连续的过程才是人的类本质的实现。

那么，人的类本质实现应当总结为两个基本要素：①需要存在客观的自然界对人的类本质进行确证；②人应当实现自由自觉地劳动，使人的类特性得以全面地发挥。而对于女性群体来说，以上要素都不能在女性的生存环境中得以实现，所以女性的类本质一直处于一种异化的状态。马克思在《手稿》中这样描述人的类本质异化问题："无论是自然界，还是人的精神的类能力，都变成了对人来说是异己的本质，变成了维持他的个人生存的手段。"① 前述笔者已经探讨过人的类本质异化是人的劳动异化所带来的结果，那么，对于女性的劳动研究是揭示女性类本质异化的前提。

人类社会的第一次大分工导致了第一次社会大分裂，结果是出现了两个阶级：主人和奴隶、剥削者和被剥削者。而女性在此次分工中，不仅失去了其在家庭中的主体性地位，还沦为了分裂阶级中的"奴隶"和"被剥削者"。随着畜群和其他新的财富的出现，便发生了对家庭的革命。男性成为谋取生活资料和使用工具的主体，随着畜牧业的发展以及新兴工具的出现，生产资料变得富裕，女性虽然能够享有，但在所有权上没有一席之地。女性在这一巨大变革的过程中处于不变的状态，这也就是恩格斯所说的："家庭内的分工决定了男女之间的财产分配；这一分工仍然和以前一样，可是它现在却把迄今所存在的家庭关系完全颠倒了过来，这纯粹是因为家庭以外的分工已经不同了。从前保证妇女在家中占统治地位的同一原因——妇女只限于从事家务劳动——，现在却保证男子在家中占统治地位：妇女的家务劳动现在同男子谋取生活资料的劳动比较起来已经相形见绌；男子的劳动就是一切，妇女的劳动是无足轻重的附属品。"② 第一次社会大分工后，女性家务劳动价值贬低，并直接导致女性在财产权利方面的失势，男性的家庭地位超越女性。此时，家庭外部的社会生产显然与女性关系不大，那是男人的天下，并且男人更乐于将女性囚禁在家庭之内以便服务于自己。虽然女性的家务劳动内容一直以来没有太大的变化，但它是一种规范性的、

---

① 《马克思恩格斯文集》第 1 卷，人民出版社，2009，第 163 页。
② 《马克思恩格斯文集》第 4 卷，人民出版社，2009，第 181 页。

压抑性的、强制性的劳动，女性在规定范围内从事的劳动，既不是自由自觉的活动，也不利于女性精神类能力的发挥。恩格斯指出："妇女的解放，只有在妇女可以大量地、社会规模地参加生产，而家务劳动只占她们极少的工夫的时候，才有可能。"① 恩格斯强调家务劳动实际上就是在强调，女性需要摆脱这种异化的家务劳动所带来的一系列异化影响。纺织业的出现给了妇女大规模地参与社会生产的机会，但是，女性的类本质并没有得到复归。女性作为工人身份，又陷入了工人劳动异化中，并且女性的家务劳动问题并没有得到解决，这是女性即使从家庭领域走向社会领域，依然无法获得解放的原因之一。在资本主义制度与父权制相重合的社会历史时期，女性的被剥削程度远远要高于男性。女性作为劳动力，同儿童一样是可以进行买卖的，而大工厂主们也乐于购买妇女和儿童，一方面是因为，相比较男性劳动力而言，妇女和儿童的价格会更便宜，薪资方面也会比男性低很多；另一方面是因为，女性看起来天生具有顺从的气质，这是资本家们最喜欢的工人特质，因为意味着可供他们尽情地压榨。随着女权运动的兴起、各种平等权利的实现，社会尽可能地向女性开放，女性逐渐地参与到了社会公共领域内。然而，女性依然不能获得解放，因为女性在公共领域内依然是不自由的。平等的教育权利的实现，尤其是高等教育，使一些女性可以通过学习专业知识进入社会核心职业领域，可实际上，绝大多数的女性面对专业选择时并不是自由的选择，而是将专业作为自己未来谋求个人生存手段的工具，这就造成了一些专业领域以及职业领域带有深深的性别色彩，例如，女护士、女教师、女秘书等，这些职业领域的社会地位远较男性所从事的领域低，而女性从事这样一些简单的工作内容并不能获得精神上的能动性。另外，家务劳动女性化是现代职业女性职业生涯的一大阻碍，女性常常陷入"家庭和工作"抉择的境地，既没有空间和时间开展自己的职业规划，也没有时间和空间完成家务内容，家庭和社会的双向压迫使女性作为类群体，丧失了实现类本质的能力。

---

① 《马克思恩格斯文集》第 4 卷，人民出版社，2009，第 181 页。

女性"类本质"异化的另外一个重要原因是，女性家务劳动的异化使女性既丧失了自由自觉的劳动，也丧失了赖以实现和确证其活动的对象世界。母系氏族社会让渡给父系氏族社会之后，社会以及自然界留给女性的空间是有限的，这一过程延续至今。随着人类第一次社会大分工的出现，两性之间由以往的自然分工发展为社会分工。虽然女性从事的家务劳动内容没有变化，却使男性成为家庭内部的主宰。女性在限定的空间内从事限定的劳动内容，如简单的手工、做饭，以及生育。女性在这些活动内容中建立起来的对象世界，是完全异己的、对立的。女性越进行生育，她自身在家庭和社会中的地位就越低，因为女性完全沦为生育工具；女性越从事简单的家务劳动，女性的价值和能力就越被贬低，因为家庭之外的男性从事着先进的生产活动，不断地精进自己，而女性只能在男性和家庭的庇护下才得以生存。女性的类能力在异己的对象世界中得不到对象化和确证，因此女性的类本质彻底丧失。

马克思主义认为，只有共产主义的实现，才能使人的一切感觉和特性彻底解放。共产主义让人重新占有对象世界，这是符合真正的人的本性的占有。"一切对象对他来说也就成为他自身的对象化，成为确证和实现他的个性的对象，成为他的对象，这就是说，对象成为他自身。"[1] 这种占有是一个"完整的人"以"全面的方式"对自己的全面的本质加以占有，而不是个人的享有或单独占有，也不是对物的直接的、片面的享受；人的感觉应当是一种"社会的人的感觉"，具有同人的本质和自然界的本质的全部丰富内容性相适应的人的感觉。因此，私有财产的扬弃意味着消灭人与人、人与自然的敌对关系，建立起人对自己的本质、对其他人、对自然界合乎人性的关系；人的活动不再局限于谋生和对对象的排他性占有，而是以全面的方式欣赏对象、享受生活、发展自己。

2. 女性身体行为异化

"物化女性"与"消费异化"是近些年，尤其是社会学以及女性主义研

---

[1] 《马克思恩格斯文集》第 1 卷，人民出版社，2009，第 191 页。

究学者们，对女性的身体、行为进行研究观察而提出的一种描述性理论。
"物化女性"与"消费异化"内在地产生了某种紧密的联系，研究学者们在
讨论物化女性的时候，不得不讨论一下物化女性在消费异化中的"贡献"。
"物化"（reification）概念是卢卡奇在马克思有关"商品拜物教"和异化概
念的基础上发展起来的，卢卡奇在《历史与阶级意识》中提出了"资本主
义带来了物化"，以此特指在资本主义商品社会中人与人之间的关系表现为
物与物之间的关系。① 资本使得人们都变成了商品，并且这些商品都是可计
算的，工人和产品都变成了可以被衡量的"物"。此后，霍克海默、阿多诺
提出"文化工业"的概念，将"物化"思想运用到对资本主义的文化批判
领域，强调在市场条件下，无论纯艺术还是通俗艺术都无法逃脱"物化"
的命运，而势必成为"物化"的表现形式。"物化"这一概念流行起来，逐
渐被社会科学接受。一些社会学家在 20 世纪 70 年代，逐渐使用"物化女
性"的概念。1997 年，两位心理学家弗雷德里克森和罗伯茨正式提出了
"物化女性"的理论框架，认为"物化女性"通过女性的"自我物化"来
实现。② "物化女性"是"消费异化"的主体之一，"消费异化"某种程度
上也是"物化女性"行为下产生的结果。无论是物化还是消费异化，对于
女性群体来说，都是一种身体、行为上受到异化影响而产生的结果。在异
化概念统筹下，分析"物化"以及"消费异化"对女性产生的影响，对研
究女性解放，有着重要的意义。

　　"物化女性"作为动词时，展现的是社会以及人对女性进行"物化"
的过程，即女性失去人的价值，而成为一件"工具"的过程。而实施的
主体，既有女性本身也有男权社会。这种物化，一方面侧重在女性身体方
面。女性的生理机制、身体以及进行的劳动等都将被赋予一种作为工具的

---

① 〔匈〕卢卡奇：《历史与阶级意识》，杜章智等译，商务印书馆，1996，第 165 页。
② 芭芭拉·弗雷德里克森和汤米·安·罗伯茨于 1997 年在学术期刊《女性心理学季刊》上发
　 表了论文《物化理论：了解妇女的生活经历和心理健康风险》。在论文中，弗雷德里克森
　 和罗伯茨正式提出了"物化女性"的理论框架，以此来理解女性在性别物化这种社会文化
　 现象中的经历。

价值。女性特有的孕育能力，是人类得以延续的重要环节之一，而在男权社会以及男权思想意识下，女性被物化成为生育机器，女性的身体只是生育的一种载体，具有功能性。另一方面，受到男尊女卑思想意识的影响，女性又被物化成一种传宗接代的工具，孕育能力特别是孕育男孩的能力，成为衡量女性价值的重要因素。现代社会中，医疗水平的发达使许多家庭以及女性拥有自由妊娠的权利，可是受封建的男尊女卑思想影响，许多家庭以及女性会在得知婴儿性别之后终止妊娠，科技的发达并没有给人类带来完全的自由，反而使自然的孕育变得不自由。另外，家庭内部的分工使女性成为家务劳动的承担者，并且这一分工模式具有传承性。性别分工原本是为了更好地协作以实现生产力的发展，可是女性家务劳动的角色并没有随着社会分工的变化而有较大的改变，这一现象直到近些年才有所改观，但是并不彻底。"妇者服也，服于家事、事人者也。"女性在家庭中的身份往往较男性多了一重，即服务者。女性既要服务于家庭，也要服务于家庭中的人，女性是周而复始的家务劳动内容的重复者，是两性阶级关系中的被剥削者，女性丧失了自由自觉的劳动内容，也丧失了精神能力的拓展，成为一个没有自我精神和灵魂的、行动着的服务家庭工具。

"物化女性"作为名词理解时，强调了女性被当作一件"物品"以及这种"物品化"所赋予的价值。卢卡奇认为，在资本主义制度下，人的价值、人的关系等都可以用"物"的尺度来衡量。当女性被物化成为一件物品时，女性的价值便不再是以人的价值来体现，女性所参与的社会关系也不再是由人作为主体来进行，而是转变为由物作为主体来进行的社会交往关系，这必然会形成马克思所批判的片面性的社会交往关系。男性将女性物化成商品，这来源于父权制制度下，女性被视为男性私有财产的一部分。恩格斯在著作《家庭、私有制和国家的起源》中描述了家庭制形成的过程，即母权制让位给父权制的过程，而私有制在此时的出现，正好将失去权利的女性群体划归为父权制社会的私有财产，无论是女奴隶、女性伴侣还是主妇，在男性家长式的思维中都是可以进行交易和买卖的物品。"到了英雄时代，我们就看到妇女已经由于男子的统治和女奴隶的竞争而被贬低了……荷马的史诗每提到一个重要的英雄，都要讲到同他共享帐篷和枕席的被俘的姑娘。这些姑娘也被带回胜利者的故乡和家里去同居。"① 随着男权意识的加深，女性逐渐成为男性彰显价值十分重要的附属标签。在封建社会时期，一个男性拥有妾室的数量往往与其经济状况和社会地位成正比。虽然现代社会实行一夫一妻制的文明制度，但是通过女性身上附加的商品价值来展现男性财富和社会地位的现象依然存在。

女性主义理论认为，"精神—物质"这一对二元对立的思维范畴是父权等级制的思维模式。在这一传统的两分法中，"精神"被男性独占，"物质"则被视为女性的特质。于是，"物性"成为男权文化对女性的内在文化隐喻和诗学修辞。在物欲横流的商品经济社会中，女性常被等同于"物质"，一系列围绕女性而生产的周边产品以及广告铺天盖地地充斥着人类社会。这不仅仅是简单的购买和消费的关系，而是一种暗示意义链，消费者与物的关系因而出现了变化：他们不再从特别用途上去看这个物，而是从它的全部意义上去看全套的物。鲍德里亚对这种现象做了描述："橱窗、广告、生产的商号和商标在这里起着主要作用，并强加着一种一致的集体观念，好似一条链子、一个无法分离的整体，它们不再是一串简单的商品，而是一串意义，因为它们相互暗示着更复杂的高档商品，并使消费产生一系列更为复杂的动机。"② 女性在购买商品时，往往会陷入这样一系列更为复杂的动机中，一件奢侈品带给女性的不仅仅是物的享受，更是品牌价值标榜自己身份地位的象征，甚至是自己伴侣身份地位的象征。换句话说，女性在消费中更受吸引的不是物品本身的功能，而是某种被制造出来的象征性符码的意义。因此，鲍德里亚宣称："消费的主体，是符号的秩序。"③ 在消费行为中，女性通过各种消费暗示以及自我心理暗示，使消费行为变得复杂，

① 《马克思恩格斯文集》第 4 卷，人民出版社，2009，第 74~75 页。
② 〔法〕鲍德里亚：《消费社会》，刘成富等译，南京大学出版社，2000，第 4 页。
③ 〔法〕鲍德里亚：《消费社会》，刘成富等译，南京大学出版社，2000，第 226 页。

自身在消费的行为中异化为了一种符号秩序。在消费社会中，另一个重要的推动异化消费的因素是广告。鲍德里亚的观点是继法兰克福学派的"消费异化"批判以来，在现代社会批判理论中关于广告批判最深刻的观点之一。他认为，广告制造的镜像并不是针对单个人，而是在暗示性的地位和等级区别中让所有想"成功"的人都怦然心动。广告激发出了"他者的欲望"，这是每一个人"深层动机"中的欲望，并且用一种"无意识的劝诱"，使消费者无意识地购买并不需要的产品，过度消费、激情消费都离不开广告的这种无意识的暗示。而综观现代社会市场，针对女性群体而开展的广告营销占据了广告市场的很大比例，这也暗示了女性群体的消费能力以及消费欲望都比男性高得多，女性无形之中成为"消费异化"的主力军。

3. 女性心理异化

追寻自由和平等贯穿着整个人类文明史，尤其是在近现代史中。对于自由和平等的讨论始终是联系在一起的，因为两者之间既是平等关系，又是因果关系。在男权社会下，女性迫切地需要实现两性平等，迫切地需要自由，但是在实践中，女性的表现总是犹豫的、滞后的、不彻底的。根据著名的法兰克福学派学者埃里希·弗洛姆的心理异化理论分析，女性在心理上渴望自由，而行动上又在逃避自由。

波伏娃在其著作《第二性》中认为："女性之所以变成非本质，再也回不到本质，是因为女人不会自动进行这种返回。"[①] 波伏娃认为，女性无法像无产者那样进行彻底的革命，是因为女性群体无法汇聚在一起，女性没有其过去、历史，甚至是支撑她们的宗教，也没有像劳动者群体那样拥有共同的利益。女性的自我确立只能是在对抗中得到，而这一切都没有一个合适的动机和形成的条件。因此，"女性的行动从来只不过是象征性的骚动；她们只挣到男人肯让给她们的东西；她们什么也没有夺取到：她们接

① 〔法〕西蒙娜·德·波伏娃：《第二性》合卷Ⅰ，郑克鲁译，上海译文出版社，2011，第12页。

受"①。无论是在原始社会的公有制家庭还是在现代的一夫一妻制家庭中，男性与女性都是一体的，夫妻是一个基本单位，所以任何企图通过性别对社会进行划分都是不可能的，因为女性的心理活动为：她是整体中的他者，她是夫妻关系中的他者，她是性别中的他者。在男权社会中，男性几乎不会意识到，而女性也几乎不会主动思考到，"拒绝成为他者，拒绝与男人合谋，对女人来说，就等于放弃与高等阶层联合给她们带来的一切好处。男人——君王在物质上保护女人——忠君者，前者保护后者的生存；女人在回避经济上危险的同时，也回避自由带来的形而上学的危险：这种自由需要孤立无援地创造目的"②。弗洛姆在《逃避自由》中认为："一旦确保个人安全的那种原始纽带被切断了，一旦个人已变为完全孤苦伶仃地面对外在世界，他就不得不想方设法去摆脱这种不堪忍受的软弱无力和孤独状况。"③ 在母系氏族社会过渡到父系氏族社会的时候，女性不仅意识到自己与男性是一个无法割裂的整体，同时也明确了自我即将面临经济上的失势，女性无论从哪种心理活动出发，都会使自身作出委身于男性的决定。恩格斯在《家庭、私有制和国家的起源》中描述母系氏族社会让渡给父系氏族社会时也感叹道："这并不像我们现在所想象的那样困难，因为这一革命——人类所经历过的最深刻的革命之一——并不需要侵害到任何一个活着的氏族成员。氏族的全体成员都仍然能够和以前一样。只要有一个简单的决定，规定以后氏族男性成员的子女应该留在本氏族内，而女性成员的子女应该离开本氏族，转到他们父亲的氏族中去就行了。这样就废除了按女系计算世系的办法和母系的继承权，确立了按男系计算世系的办法和父系的继承权。"④ 马克思也指出："这看来是一个十分自然的过渡。"⑤ 面对

① 〔法〕西蒙娜·德·波伏娃：《第二性》合卷Ⅰ，郑克鲁译，上海译文出版社，2011，第12页。
② 〔法〕西蒙娜·德·波伏娃：《第二性》合卷Ⅰ，郑克鲁译，上海译文出版社，2011，第14页。
③ 〔挪〕埃里希·弗洛姆：《逃避自由》，陈学明译，工人出版社，1987，第186页。
④ 《马克思恩格斯文集》第4卷，人民出版社，2009，第67页。
⑤ 《马克思恩格斯选集》第4卷，人民出版社，1995，第54页。

人类逃避自由的异化心理，弗洛姆给出了两条摆脱路径：①向"积极自由"方向发展，通过爱和工作自发地与世界联系起来，借此表现自己在情感、感性和理性方面的能力，在不放弃自我尊严和独立性的前提下实现自己、自然、他人三者之间的融合；②向后倒退，放弃自己，通过填平自己与世界之间已形成的鸿沟来克服孤独感。① 显然，弗洛姆鼓励第一条"积极自由"的道路，因为在第二种情况下在他看来"注定是要失败的"，因为人既然已经脱离出来，就再也不可能回去，而这种逃避的行为虽然能使人暂时脱离苦不堪言的孤独处境，具有临时的麻痹效应，但弗洛姆接下来需要论述和分析的就是"逃避自由"的异化心理机制以及其为什么行不通。在要求两性平等运动之前，女性一直都是这种逃避自由的异化心理的体现。弗洛姆对逃避道路总结道："一是具有强制性。像任何逃避恐怖一样，它是万不得已的。二是个人完全地放弃了自己的个性与完整性。"并且这样做的后果是"她的一切活动都是机械的和强制性的"②。女性由于自身经济上的失势以及对生存的考量，不得不作出让权给男性的决定，并且这一结果导致女性接下来完全地委身于男性，放弃自己的个性与作为人的价值，迎合或被迫迎合男权社会对女性的需求，将自身塑造成男权社会需要的女性形象，并且女性被规范在家庭内部，从事单一的、重复的家务劳动，这无疑在精神上又摧毁了女性作为主体、作为人需要通过劳动时间来证明自己作为人的精神需求。

女性的这种逃避自由的异化心理状态不仅存在于女性压迫史中，也存在于整个女性解放过程中，女性在渴望自由与逃避自由中徘徊。从女性解放开始到目前，可总结概括为经历了三波女性解放运动和思潮，而通过"波"来形容女性解放运动则说明女性解放运动经历了反复的高潮和低谷，这无疑是在表明女性要求两性平等和解放的决心不够彻底。例如，第一波女性解放运动的内容主要为争取女性平等权利，而在取得一定胜利成果之

---

① 〔挪〕埃里希·弗洛姆：《逃避自由》，陈学明译，工人出版社，1987，第186~187页。

② 〔挪〕埃里希·弗洛姆：《逃避自由》，陈学明译，工人出版社，1987，第187页。

后，女性解放者们没有继续乘胜追击，反而平静了下来。阶段性的胜利果实使女性尝到了"甜头"而"见好就收"，从根本上说明，女性整体并没有一种彻底革命的意识，也没有与男性彻底决裂的意识，反而她们依然需要除了这些权利之外的生存内容继续由男性庇护。从女性解放萌芽到女性解放再到现在，女性解放的主体并不是全部女性，一部分女性对女权运动毫不关心，她们一边默默地享受着女权主义者们为她们争取的权益，一边则继续享受"逃避自由"而获得的假想安全感；而另一部分女性①则是"男权"的拥护者，抨击女权主义者给她们本身的安定生活带来的混乱，内心极其恐惧目前的一切被女权运动摧毁。俄国的叶卡捷琳娜登基丝毫没有改变俄国女农奴的命运；中国的武则天称帝没有结束男尊女卑的社会意识形态；南丁格尔这样的先进知识分子也并不支持当时在英国进行的轰轰烈烈的女权运动。所以，女性解放运动注定是要经历曲折的。

任何异化行为的产生以及异化理论批判的内容都围绕着"人"，而异化问题最终也会归结到人的本质问题。异化对人类社会以及人进行着渗透和影响，使人的本质以及人生产出来的对象世界都与自己对立。而异化理论的功能就在于揭示这种异化的本质，并进行积极的扬弃。女性作为人类社会的一大主体，其身上的异化内容不仅较男性更烦琐，而且还更深刻。异化女性所导致的结果就是女性解放的异化，而构成这一结果的中间过程又是由各种异化因素所组成的。

三 女性解放思维方式的变革

女性解放运动旨在实现两性平等。本着这样一个目标，女权主义者们经历了 200 多年的斗争，并且至今仍然在继续。以"两性平等"为最终指向，客观地评价以往的女性解放运动，女性在一定领域实现了形式上的平

---

① 这一部分女性主要为西方贵族、资产阶级富有的女性，她们享受由"逃避自由"带给自己的福利，例如，不必劳动而获得的丰富的物质生活，安逸地做着"笼中鸟"，这一切的代价是放弃自己的个性与完整性，而这些与安逸的生活相比，不值一提。

等，并且在道德、伦理意义上也达成了"男女平等"的普遍认知。但是，女性解放并没有获得完全的成功。以异化理论作为分析女性解放运动的工具，结合女性异化的表象，我们可以得出女性解放过程中也伴随着异化。因此，女性解放的目标逻辑必须发生转变，应扬弃以往狭隘的解放目标，将女性解放、男性解放、性别和谐等都纳入女性解放的使命，实现一种真正的解放状态。马克思在关于人的本质的论述中指出，只有人类解放状态才是异化全部扬弃的状态。因此，女性解放应扬弃以往的狭隘两性平等目标，将人类解放作为女性解放的最终指向。

1. "两性平等"观念的异化

马克思强调自己的平等观念与黑格尔等人的平等观念是相互区别的。"自我意识是人在纯粹思维中同他自身的平等。平等是人在实践领域中对他自身的意识，也就是说，人意识到别人是同自己平等的人，人把别人当做同自己平等的人来对待。平等是法国的用语，它表示人的本质的统一，表示人的类意识和类行为，表示人和人的实际的同一性，也就是说，它表示人同人的社会关系或人的关系。"① 马克思在《〈黑格尔法哲学批判〉导言》中指出："人就是人的世界，就是国家，社会。"② "人的根本就是人本身。"③ 人是人的最高本质。在《手稿》中指出：人"只能是人自身"④。在《关于费尔巴哈的提纲》中指出：人"是一切社会关系的总和"⑤。马克思始终关注人的本质问题，关注人的现实命运。马克思认为，对人的本质的复归的诉求要做到给予每个他或她作为人类个体应有的尊重，并且阻止一切将会有损人的尊严或自尊的状况（如自由的不平等、财富的极端不平等等）。马克思注重每个个体自由平等地获得，前提是将人类置于一个共同体中。马克思的理想社会不只是个体自我最大化的发展，而是每个个体自我平等的

① 《马克思恩格斯文集》第 1 卷，人民出版社，2009，第 264 页。
② 《马克思恩格斯文集》第 1 卷，人民出版社，2009，第 3 页。
③ 《马克思恩格斯文集》第 1 卷，人民出版社，2009，第 11 页。
④ 《马克思恩格斯文集》第 1 卷，人民出版社，2009，第 165 页。
⑤ 《马克思恩格斯文集》第 1 卷，人民出版社，2009，第 501 页。

进步，因此集体主义即在最大程度上和最后的界限里确保了个体之间的平等。马克思所主张的自由，虽然立足于个人，但是也是在共同体的前提下讨论的。"只有在共同体中，个人才能获得全面发展其才能的手段，也就是说，只有在共同体中才可能有个人自由。"①

女性主义以及女性解放运动所争取的"两性平等"既没有在共同体意识下获得，也忽视了女性作为"类"的自由发挥。男权世界创造出的社会秩序、法律、道德等都是偏向于男性并更适用于男性的，因为这是男性通过劳动与精神创造出的结果，这本身对女性来说，就是不公平的象征与存在。然而，女性解放意识却将男权世界的种种作为平等标杆，向其看齐，企图通过获得与男性同等的权利、社会地位等来实现女性意识中的"两性平等"。这种"女性"向"男性"看齐的两性平等思维，给女性本身带来了很多的问题以及隐患。无论是中国，还是西方世界，都经历过"两性绝对平等"的时期。这种绝对平等建立在忽视两性生理差异的基础之上，极大地损害了女性的身体、心理健康，并使女性解放陷入了被动的局面。同时，生理差异也是女性"类"特性的表现，女性忽视自己作为"女性"的类本质，幻想可以与男性一道进行重体力劳动，这不仅使女性又陷入了"男性主体、女性客体"的盲目追随，还忽视了自身特有的"类"特性，从而无法进行女性群体独有的创造性劳动。另外，女性所进行的两性平等解放并不是一种性别间的和解与和谐，而是进行一种激进的、暴力地推翻男权社会，建立女权自信的革命。男权社会建构起一种压抑、奴役女性的社会，使性别关系具有阶级性，女性作为被奴役的群体，同人类历史上任何受到奴役的群体一样，企图通过一种"暴力革命"来推翻压抑自己的男权社会。可是，这是一种用错误的思维否定错误事实的办法，注定是失败的。究其原因有二。其一，两性之间的阶级问题与阶级性不同于以往任何人类历史中的阶级压迫，因为两性之间天然的性别同一性，使两性之间在任何历史时期都是一个不可分割的整体，任何企图通过性别对社会进行划分的做法

① 《马克思恩格斯文集》第 1 卷，人民出版社，2009，第 571 页。

都是不可能的。所以，女性所要求的解放是自己作为人类的解放，作为人的本质的解放，是两性之间通过获得和谐而实现的解放，而不是打倒男权才能获得解放。其二，男性压抑女性本身就是一种不道德行为，它损害人类之间自由与平等的交往关系，而女性深受其害，且并不能洞悉其本质，企图用同样的、损害人的尊严与自由的方式来换取自我的平等与自由，是不道德的。马克思非常重视人的尊严，认为它是个体自由的内在根据，也是人的解放的必然要求。马克思认为："尊严是最能使人高尚、使他的活动和他的一切努力具有更加崇高品质的东西，是使他无可非议、受到众人钦佩并高出于众人之上的东西。"① 可见，人类的尊严是一个独立的和基本的道德要求，它神圣而不可侵犯，即使是面对一个罪犯，人的尊严仍然是一种"人"的权利，体现着一种道德的规范。

马克思主义主张平等自由，但绝不是自由无条件地"最大化"。如果"平等地"（相等地或等同地）获取某种权利，便可认作体现出了自由，无论是消极的自由还是积极的自由，这都是对平等自由的错误理解。女性认为同男性一样获取同等的权利等，就会实现女性本身的自由和平等，这实际上是对自由和平等最大的误解。在三波女性解放运动中，女性相继获得了与男性同等的社会权利（政治权利、经济权利、教育权利等），但是依然没有摆脱女性受歧视、受压抑的根本现状，这正是对自由平等误解所导致的。对于马克思来说，不仅需要获得人的平等自由，而且还要求人的个体自由。女性解放对两性平等的理解往往忽略了后者，并且往往割裂了人的自由与个体自由的关系。通过获得社会意义上的平等权利，女性获得了与他人的自由平等，但是这种自由平等具有狭隘性，女性作为人的个体自由并没有在"两性平等"的内涵中得以体现，女性并没有使自己异化的"类本质"得以复归，也没有实践自身创造性的劳动。在当今社会中，绝大多数职业女性依然还在做着"适合女性"的工作，她们也依然依靠和承认男性绝对的领导权威。女性虽然扩大了活动的范围，但是社会并不是

---

① 《马克思恩格斯全集》第 1 卷，人民出版社，1995，第 458 页。

全面向女性开放的，这又限制了女性的自由，所以女性不是全面自由的，也就不能获得最大限度的平等。人的平等包含两性平等，两性平等在本质上就是人的平等。女性解放目标不应局限于两性内部，也不应作出割裂两性和谐的举措。女性以自身的经验建构着平等内涵，进行片面的女性解放运动。表面上，女性通过等同的举措获取了与男性的平等权利，女性在道德认知上以及权利层面获得了平等，可是这并没有扭转男尊女卑的事实以及根深蒂固的思想意识。"两性平等"内涵的异化，直接导致了女性解放的异化发展。

2. "女性解放"实践的异化

女性的本身的异化、女性解放目标的异化作用到女性解放本身，形成了女性解放过程的异化，导致女性根本无法实现群体解放。著名的女性主义作家和运动家贝蒂·弗里丹曾明确地提出过，"这代人在以我们为他们争取的平等权为基础生活时，有些东西出现了问题，也没人关注有些事情游离出了正常轨道。"[1] 20 世纪 50 年代之后出现的种种女性问题现象都指向了女性解放意识的异化，异化的解放意识必然会导致女性解放问题迭出。

20 世纪 50 年代开始，以美国为首的妇女解放运动遭遇了连续的危机，并且陷入了回落的趋势。第二次世界大战造成了美国社会各部门劳动力短缺，美国开始动员女性走出家庭进入生产领域，1941~1945 年，美国有 650 万女性步入社会，妇女就业增长率达到了 57%。[2] 但是，这项国家层面的举措是一场政治行为，女性的替补性行为是有时限的，战争结束后，政府通过广告宣传女性在此期间的付出和工作内容变化，称她们是为了国家的自由而战，所以战后的女性理应回归"私人领域"。第二次世界大战结束成为妇女解放的一个分水岭，大批社会女性回归家庭相夫教子，并且女性的受教育比例大幅下滑，20 世纪 50 年代女性受教育比例仅为 35%，较 20 年代

---

① 〔美〕贝蒂·弗里丹：《第二阶段》，小意译，江苏人民出版社，2007，第 3 页。
② 王政：《女性的崛起——当代美国的女权运动》，当代中国出版社，1995，第 38 页。

和 30 年代大幅下滑，并且有 2/3 的女大学生没有完成学业而是去结婚生子。① 20 世纪 50 年代，美国经济持续繁荣，人们对未来充满了乐观主义精神。并且，富裕的物质生活使美国民众滋生出了一种享受主义、消费主义以及超前消费主义。其中，家用电器的普及极大地缩短了全职妇女的家务劳动时长，妇女开始更多地关心自我消费以及家庭物质消费。例如，妇女们开始关注自我着装和形象。紧身衣这种 18~19 世纪的女性物品卷土重来，这也隐喻了女性解放的回潮。虽然 20 世纪 50 年代的美国展现出一种欣欣向荣的生活方式，但是整个国家的精神状态处于十分压抑的氛围之中。由于政府执行保守主义及麦卡锡主义再加上冷战的乌云，人们都习惯于沉默不语，习惯于被领导指挥，个体性沉默，这也成了 20 世纪 60 年代美国社会呈现的激进状态的思想意识根源。60 年代的美国民主处于激进和亢奋的状态当中，女性主义也重新回到大众的视线当中。60 年代女性主义认为女性应当有对自我身体和意识选择的权利，女性主义者倡导解放自我意识之外解放身体。性自由、怀孕自由、堕胎自由成为女性主义的主要解放内容。激进的女性主义者宣扬女性应当注重凸显自我，并且注重自我感受，甚至声称一个有魅力的女性不需要丈夫。60 年代开始，女性的生育率持续下降，结婚年龄逐年提高，家庭主妇的身份成为女性争相逃离的对象。激进女性主义解放运动的开始成为第二波女性主义浪潮的标志，女性意识又得到了空前的解放，并且推动了堕胎合法、同工同酬等女性权益法案的通过。性观念的解放直接导致 20 世纪 70 年代开始，美国的未婚生育、离婚与分居率大幅上升，美国的单身母亲人数急剧上升，而单亲母亲家庭更容易陷入贫困。美国单亲母亲家庭的经济问题一直非常严重，贫困的比例也一直很高，1959~1993 年间一直保持在 45% 左右。美国"贫困女性化"并非因为单亲母亲家庭的贫困比例更高了（事实上，与 1959 年相比，1993 年单亲母亲家

---

① 王政：《女性的崛起——当代美国的女权运动》，当代中国出版社，1995，第 48 页。

庭的贫困比例还下降了 14%），而是因为单亲母亲家庭绝对数量的急剧上升。① "贫困女性化" 这一命题是社会学家戴安娜·帕尔斯（Diana Pearce）在 1978 年首次提出的。她在研究 20 世纪 50~70 年代中期的美国贫困问题时发现，贫困存在明显的性别差异。她通过研究认为 "贫困女性化" 有两层含义：一是贫困人口中女性人口所占比重不断增加；二是在所有贫困家庭中，以女性作为户主的家庭所占比重不断增加。贫困女户主家庭成为皮尔斯研究的重点，她认为她们是 "贫困中的最贫困者"。在当时，美国女户主家庭占贫困家庭的比重增长迅速，从 1960 年的 28% 增长到 1987 年的60%。② 20 世纪 50 年代美国经济的繁荣以及进一步刺激民众消费的政策，掀起了一股奢侈消费的风潮，而女性是奢侈消费的主要群体。奢侈品牌以女性为主要目标群体，生产女性周边产品，使女性与物质一度成为等号关系，超前消费、过度消费以及浪费消费都是现代社会典型的消费异化现象。女性在消费异化中不断地物化自我，使自己在商品中丧失主体性，而琳琅满目的商品成为包装女性的工具。物化女性是女性解放过程中出现的典型妇女解放异化现象，指在消费过剩的时代背景下，女性作为异化消费的主体，其思想意识以及行为都表现出物化的一面。而物化女性的形成既有来自男性的物化，也有女性的自我物化。女性的解放始终逃脱不了 "男性主流意识" 的思维，这不仅给男性继续异化女性制造了机会，也会导致女性以男性的价值标准进行自我物化。西蒙娜·德·波伏娃曾明确地表示，女性的塑造是后天形成的，即在男权社会中，男性以自我经验和价值标准来制定和培养适合于自己的女性，女性的生长模式完全是按照男性设定的标准。卢卡奇认为，"物象化" 现象是特定社会（资本主义社会）的一种社会交往形式的表现，人和人的交往本质被物物交换所掩盖，并在对象化中丧失自我主体性。男权社会将女性视为他者、第二性，甚至是男性的私有财

----

① 姚桂桂：《试论美国 "贫困女性化" ——20 世纪后期的一个历史考察》，《妇女研究论丛》2010 年第 3 期。

② 姚桂桂：《试论美国 "贫困女性化" ——20 世纪后期的一个历史考察》，《妇女研究论丛》2010 年第 3 期。

产，长时间的父权意识导致女性丧失主体意识，并以男性为中心。虽然妇女解放的同时也解放了女性的着装，但是女性着装的审美标准仍然逃离不开以吸引异性为主的主流思想，而女性解放时期出现的"摩登女郎"全球女性事件①也证明了这一女性特质之所以受到全球人的热捧，是男性与女性达成了审美共识的结果，如今依然摆脱不了这样的模式。在女性的解放过程中，当女性的主体性尚未完全复归，对物的依赖会达到一个更高的水平。并且，物的依赖程度越高，女性越容易将商品等物品视为自我主体性的体现，或者是通过商品来表达主体性。女性认为自我的幸福、安全感、自我地位的确立、审美观等方面都会通过精美的物品来呈现。宽敞的住所、豪华的车子、精美的首饰都会彰显女性的地位和成功，甚至成为彰显女性伴侣社会地位的象征。而通过伴侣获得物质上的富足即视为自我富足的思想观念，也是女性依附于男性的表现。女性不仅在物的对象性中丧失自我主体性，还在对物的依赖中自我物化，因此，在女性对物的依赖时期，她们并不能真正地解放自我。马克思主义认为，以物的依赖性为基础的社会最终会被人的自由全面发展的社会所取代，这表明女性解放中出现的各种异化问题，代表着女性并没有实现真正的解放。在女性解放过程中，她们并没有实现自由而全面的发展，其社会关系也呈现片面性。首先，女性的解放运动并没有给女性带来真正的解放。例如，女性的性观念开放所带来的后果之一是单身母亲数量的增加，未婚先育和高离婚率使得单身母亲背负着自身以及幼儿的生活负担。同时，女性的就业歧视问题、社会福利育儿设施的缺失等问题常常使女性陷入工作和顾家的两难境地，这也是贫困女性化出现的原因之一。其次，女性的解放依然是在异化的两性关系下进行的。女性的解放并不等同于男性的解放，而自由的两性关系需要两性共同努力和解放才能实现。由于两性关系是共生的一体关系，所以任何一方如果依然处于异化状态，女性无法实现自由的解放。在异化关

---

① 摩登女郎现象是一个世界范围的女性事件的标志性案例，有其内在的事实程序和事件性特质。这种女性的全球事件，并不依赖于区域的划分，而张贴着摩登女郎的商业广告其实是一种视觉上冲击男性、实质上刺激女性消费的商业表达。

系下，女性进行的解放最终可能会导致另外的异化问题出现，例如消费异化、物化女性等问题的出现都佐证了这一错误解放思维的逻辑。最后，女性并没有实现自由全面的发展。在异化社会中，人与人的交往关系呈现片面性，而片面性的社会关系下人的自由能动性得不到全面的发挥。因此，女性的解放只是在某些片面区域中得到了一定限度的解放。例如，选举权、教育权等的获得只是两性形式上的平等，与两性实质的平等还相去甚远。

在不对等的两性关系中，男性的行为、意识等均受异化关系的影响，导致他们并不能表达本真的自我。由于性别的同一性，男性的异化扬弃也应当纳入女性解放事业之中。无论是女性主义学家西蒙娜·德·波伏娃，还是哲学家皮埃尔·勒鲁，都在强调一个事实：男女本为一体，而性别只是这一整体下的两个方面。皮埃尔更是早就指出："妇女应该在男子帮助下和男子一道站起来，而男人也应该在妇女帮助下和妇女一道站起来。"① 不对等的两性关系使男女分别成为人的两个范畴，将两性之间的共同事业分割和区分开来，双方都希望将自己的统治权力强加给另一方。"如果两者都坚持这种要求，那么两者之间要么在敌意中，要么在友谊中创造出一种相互的关系，但始终处在紧张状态；如果两者之一享有特权，一个就战胜另一个，设法让后者处在被压迫状态。"② 通过存在主义哲学和史前历史、人种志的研究，我们得知这种优势就是天然的生理优势。原始社会时期，男性通过自己的劳动、智慧抵御危险，创造增收，这是能动性的活动，而女性由于受到无节制的生育所累，其生育、哺乳等行为并非活动，而是自然作用下的行为。因此，男性通过自身的优势和努力较早地确立了自我的主体性地位。私有财产的诞生以及对财富扩张的意愿使男性奴役女性，女性的他者地位在男权社会确立并且一直延续至今。而男性从童年开始就已经显现出的性别特权使他的男性命运和他作为人的命运相吻合，男性有着

① 〔法〕皮埃尔·勒鲁：《论平等》，王允道译，商务印书馆，1988，第49页。
② 〔法〕西蒙娜·德·波伏娃：《第二性》合卷 Ⅰ，郑克鲁译，上海译文出版社，2011，第87页。

良好的发展基础，男性的权威使他在社会上和精神上取得成功（至少较女性而言），而这种在公共领域取得的成功又使男性权威变得更加稳固。男性有可能在阶级社会中受到打压和排挤，但是在家庭领域内，他是绝对的权威。

男性的异化表现在，男性的男性化是通过与更加女性化的女性进行对比而显现的。男性一直以来都不必过分关心自己的穿着，因为他们把女性培养成了打扮和处理家务的专家。人们注视女性时，总是与她的外貌和着装分不开，女性通过其打扮受到评价、尊重，所以女性的着装方便性永远是次要的：容易破损的袜子，容易弄脏的长裙，不舒服的内衣以及不安全的高跟鞋。但是男性则相反，男性的衣着是适用于其繁忙的生活的，舒适便捷且不考究，几乎不反映其人格，甚至男性都不会在打理衣服上花费心思，因为有人会为他精心地搭配，细致地抚平。男性的幸运是主体性的确立和男性权威相一致，但是男权社会中女性要确认自己女性的特性就必须自我退化为客体，并且放弃主体性地位的要求。如今，女性的解放需要女性不仅保持女性的特性，也需要至高主体性的确立。女性在屈从阶段，让渡出自己的政治权利、经济权利等，并承认男性的主体地位，委身于男性权威下生存。女性在自我丧失中异化，男性在过度获得中异化。男性自负的家长式思想观念将女性完全视为监护对象，剥夺女性所有权利，而女性的解放激怒了这种家长式的、阶级式的男性思维，他们认为女性的行为是一场不成熟的、叛逆的闹剧，是一种激进的运动，所以遭到了男性群体普遍性的否定和镇压。"去男性化"是男性解放的重点内容，同样也是女性解放的必要内容，女性的解放需要男性的支持和参与，但是异化下的男性必然会阻止这场运动。工作是女性实现经济独立的重要途径，而经济独立则是女性实现两性平等的重要举措。工业革命和两次世界大战对男性的冲击使女性得到了参与社会工作的宝贵机会，并且以很低的工资要求实现从私人领域走入公共领域。但是，战后男性认为女性侵占了他们的工作岗位，并且女性的低工资标准严重地威胁到了他们，男性开始排挤女工。而号召女性参与工作的政府机构在这时也认为女性替补的使命已经完成，她们应当回到她们原本的地方。另外，女性获得选举权也经历了漫长且艰难的过程。女性争取选举权的过程，不仅是在追求平等中寻求正义的过程，也是正义最终战胜特权的过程。政治领域长期以来一直都是男性的领地，而女性试图从男性手中分享这一特权，正是她们自我确立主体地位的信号，这必然会遭到男权思想者的坚决反对。然而，英国女性选举权利的敲门砖却是由一位男性所敲出的。1867 年，约翰·穆勒在英国议会上为妇女的选举权做了第一次辩护，他强烈呼吁在家庭和社会内部实现两性平等，并指出以往的法律支持性别不平等是阻碍人类进步的主要障碍。约翰·穆勒的发声既是对男权统治政治的批判，也表明男性的平等意识正在逐渐觉醒。

在男权社会中，男性的父亲形象通常是沉默而威严的，父职参与度极低。一方面，在男性的社会角色中，男性的家庭角色往往被置于次要地位，这既受到封建思想的影响，也源于男权思想的根深蒂固。在《张门才女》中，张琦作为一家之主，其一生都在外求取功名以及游学交友，长达 10 年未曾与家人联系，基本上没有参与家庭生活，也未能给予经济援助，甚至需要妻子汤瑶卿一直资助他，他几乎缺席了整个子女少年时期的家庭教育。另一方面，父职的缺失与全职主妇的角色定位有极大的关系。女性被隔离在公共领域之外，家庭领域便成了她们的天下，照顾子女、服侍公婆、处理柴米油盐等生计问题全部由女性承担，这使得男性在家庭方面无后顾之忧，而这完全得益于男权社会对完美家庭主妇形象的塑造。在现代社会中，女性实现了全面参与社会，传统的母职内容与现代社会新型女性的生活方式发生了冲突，使女性常常陷入家庭与事业难以兼顾的困境。而男性依然保持着传统男性思想，将家务以及育儿完全托付给妻子，甚至连生活自理能力都有缺失，这都会使女性的家务负担更加繁重。男性父职意识的缺失以及生活自理能力的匮乏既源于男权意识的遗留，也源于男尊女卑思想的代际传递，很多家长完全不需要男性参与家务劳动，认为这都是女性的事情。在女性解放的过渡时期，女性逐渐适应参与平等的经济生活和政治生活，但是男权思想意识与生活方式的不改变成为阻碍女性解放的因素，使得两性不能同步解放。因此，现代社会不仅需要男性父职的回归，同样需要在教育中渗透两性平等的思想。另外，父职的构建同样需要政策的支持，例如瑞典为应对工业化对儿童、家庭产生的影响，消除影响女性就业的家庭障碍，从 1974 年开始，为了不把男性排除在家庭之外，促进性别平等和孩子利益最大化，把以前只为母亲提供的产假转变成了父母皆可休的育儿假。这是人类历史上男性首次可以休带薪育儿假，即明确承认职业男性也是父亲的信号。而且，如果父母双方各休了一半育儿假，可另外获得"性别平等奖金"。统计证明，在瑞典推进该项政策前的 1995 年，只有 4% 的男性使用父母假，但是到 1998 年这一数值提高到 85%。①

男性需要去"男性化"以复归男性的本质，扬弃男性的异化问题，实现在社会中全面的交往关系，积极承担男性的社会角色，这不仅会缓和自女性解放以来两性形成的对立关系，也会使两性之间得到相互解放。女性解放的过程中需要男性的支持和帮助，因为男性异化下的女性解放会产生社会矛盾，并加重两性间的对立关系。

3. 从女性解放到人类解放

女性解放面临的各种异化问题和现实困境表明，"两性平等"目标无法引领女性实现最终的解放，因此女性解放的目标和思路亟须进行变革。而针对这些本质问题，马克思早就给出了科学的实现路径——人类解放。将两性平等置于人类平等之中，将女性解放置于人类解放之中，目标范围的延展，使其能够全面地进行解放，例如异化的男性解放等，最终不仅将实现女性的解放，还将实现性别的解放，使目前的性别对立状态转为性别和谐。

马克思人类解放理论的最高目标是实现共产主义，并使每个人的自由都能得到全面发展。人类解放过程就是解除人类生存发展所面临的束缚和

---

① 王向贤：《社会政策如何构建父职？——对瑞典、美国和中国的比较》，《妇女研究论丛》2014 年第 2 期。

禁锢的过程，是现实的个人获得自由并实现全面发展的过程，这正是解决女性解放过程中亟须解决的问题。马克思主义的人类解放具有三方面内涵：一是自然解放；二是社会解放；三是自我精神解放。这三方面的内容对于人类解放来说都是必不可少的因素，并且三者之间在内部具有密切的联系。在马克思看来，人和自然不是对立的，而是统一的，人类生存依靠自然，索取于自然，从自然中解放并不是要求人类征服自然，而是找到规律与自然和谐相处。人与自然的紧密联系表现在以下几个方面。第一，"人本身是自然界的产物，是在自己所处的环境中并且和这个环境一起发展起来的"[1]。第二，人与自然的矛盾贯穿于人类社会发展始终。马克思主义认为，人首先必然是以自然为根源和前提的自然存在，不可忽视外在自然的制约性与"优先地位"。马克思、恩格斯指出："也就是一切历史的第一个前提，这个前提是：人们为了能够'创造历史'，必须能够生活。但是为了生活，首先就需要吃喝住穿以及其他一些东西。"[2] 第三，人如果过分掠夺大自然，就会遭到大自然的报复。第四，随着人类认识能力和水平越来越高，自然规律不再作为外在的、盲目的力量与人类相对抗，而是达到了人与自然界的和谐统一。马克思指出，到了共产主义社会，"社会是人同自然界的完成了的本质的统一，是自然界的真正复活，是人的实现了的自然主义和自然界的实现了的人道主义"[3]。马克思通过观察人与自然的关系，认为人可以通过科学的方式从自然中解放出来。首先，人类通过认识和运用规律来改造自然，从而在自然规律面前获得自由。马克思、恩格斯指出："自然界起初是作为一种完全异己的、有无限威力的和不可制服的力量与人们对立的，人们同自然界的关系完全像动物同自然界的关系一样，人们就像牲畜一样慑服于自然界。"[4] 起初的自然界对于人类来说完全是一种异己的、同人类对立的存在，随着人类社会的发展，人在劳动创造的过程中逐渐地认识和

---

① 《马克思恩格斯选集》第 3 卷，人民出版社，2012，第 410 页。
② 《马克思恩格斯选集》第 1 卷，人民出版社，2012，第 158 页。
③ 《马克思恩格斯全集》第 3 卷，人民出版社，2002，第 301 页。
④ 《马克思恩格斯选集》第 1 卷，人民出版社，2012，第 161 页。

掌握了一些自然界的规律并加以利用。恩格斯指出："自由不在于幻想中摆脱自然规律而独立，而在于认识这些规律，从而能够有计划地使自然规律为一定的目的服务。"① 其次，人的自然属性和社会属性的双重身份，使这两者有着紧密的联系。人的自然解放离不开社会解放。马克思主义基本原理告诉我们，作为社会发展的最终决定力量的生产力（物的方面），离不开社会的生产关系（人的方面），生产力和生产关系的有机统一构成一定社会的生产方式，生产方式是社会发展的决定力量。不能脱离生产力谈生产关系，同样也不能脱离自然的解放去谈社会的解放。

社会解放（包括劳动解放、政治解放、经济解放、文化解放等）是马克思人类解放思想中最重要的社会实践部分。从人类发展的历史进程看，社会解放的迫切性在阶级社会里最为明显。奴隶社会、封建社会、资本主义社会中均存在阶级以及压迫，每一次反抗阶级压迫而进行的暴力革命都会建立起新的社会秩序。马克思一直都很重视人类的劳动，认为劳动是人的本质体现，是人类区别于动物的最重要的标志。随着阶级社会的产生，尤其在资本主义社会中，劳动异化问题凸显，表现为人类的劳动既不是自由自觉的劳动，而是作为异己的力量同人类对立，并且劳动异化使人的本质无法实现。马克思主义认为，异化劳动的根源在于资本主义私有制，扬弃私有制，就是扬弃异化劳动。经济解放的根源在于一些人的利益被另一些人无偿占有，并且通常存在于阶级关系中，那么经济解放也是在反对阶级制度。同异化劳动一样，经济剥削的根源也是资本主义以私有制为基础的生产关系。因此，经济解放的路径同劳动解放一样，是消灭私有制。政治解放是人类解放最重要的社会实践。在阶级社会中，剥削者通过政治权利的获得，使剥削、压抑他人成为国家层面的政治行为，无论是劳动还是经济关系，都在政治关系中直白地显现出来。资产阶级社会中的政治解放表现为无产阶级推翻资产阶级政权。马克思认为："政治解放同时也是同人

① 《马克思恩格斯选集》第 3 卷，人民出版社，2012，第 491 页。

民相异化的国家制度即统治者的权力所依据的旧社会的解体。"① 马克思主义认为，私有制是造成资本主义社会中异化劳动、经济剥削、政治压迫的共同的根本原因。因此，在资本主义社会中，劳动解放、经济解放和政治解放是紧密相连的，其共同的前提是消灭资本主义私有制，建立以公有制为基础的社会主义制度，最终实现共产主义，建立每个人自由、和谐、全面发展的"自由人联合体"，这才是真正意义上的社会解放，是人与社会、人与人真正统一的美好社会。

马克思的人类解放的伟大之处在于，它使每个个体都获得解放。个体对应集体，个性对应共性。马克思的人类解放并不是在人类共同体之中实现平等标准的解放，而是在群体中尊重个体差异，使每个人的个性都能得到最大限度的发挥，从而形成通过个体的发展而使人得到全面的发展。在异化状态之下，人的本质得不到实现，个体性淹没在异化之中，例如异化劳动使工人丧失了个体性的发挥，丧失了精神创造，从而导致人形成了片面性的发展，人的社会关系也呈现片面性的社会交往关系。如果人的自我意识、思想观念、行为等得不到全面的解放，任何的经济、政治解放都将是徒劳的。

总之，马克思的人类解放思想从多维度、多方面要求人的解放内容，而这一切的要求都围绕着人的本质实现。马克思对人的本质的重视，使女性解放必须纳入人类解放之中。因为，只有人类解放才能扬弃女性解放过程中出现的各种异化问题和现象，并且马克思的人类解放思想惠及每个个体的解放，这将异化的男性群体也囊括到了人类解放任务之中。那么，在人类解放思维下的女性解放，不仅女性群体会实现解放，同时性别也将实现解放，形成和谐的两性关系，而当前女性解放的异化问题也会迎刃而解，女性会在人类解放指导思想之下实现自由和平等的复归。

---

① 《马克思恩格斯文集》第 1 卷，人民出版社，2009，第 44 页。

第四章　人类解放：两性平等的实现

女性的解放思路必须进行变革，狭隘的"两性平等"观念必须进行扬弃。马克思主义认为，只有在共产主义社会中，人才能实现异化的扬弃，从而达到一种真正的人的解放状态。从马克思在《德法年鉴》中提出的"人的解放"口号，到他对人类解放条件、途径和方法的详细论述，标志着马克思人类解放思想的形成。这一思想为女性解放提供了方向和方法论，强调实现人的真正解放需要超越狭隘的"两性平等"观念，实现人的异化的扬弃。马克思的思想为探讨女性解放问题提供了理论基础，同时，他通过严谨的逻辑论证，阐明了实现人类解放的可行性。在当代社会，借鉴马克思的人类解放思想，可以为推动女性解放事业提供有益的启示和指导。

人类解放的目的在于揭示人的本质，使人的主体地位摆脱外部的束缚而得以确立。揭示人的本质，就是扬弃资本主义经济社会中人与人以及人与物之间的异化和物化关系。这一过程涉及对资本主义经济社会中人与人间、人与物间异化与物化关系的批判性扬弃，旨在构建一种非异己的、基于自由与平等的新型对象性关系。这种社会关系才是全面的社会关系，其中个体的潜能与价值得以充分展现。

尤为重要的是，人类解放的目标亦聚焦于性别维度的解放，旨在引领女性超越"男性中心"的局限框架，避免将两性平等视为孤立或终极追求，从而使女性摆脱狭隘的目标性，迈向更为广阔的自我实现之路。在此进程中，女性将人类解放视为自身的解放目标，着重于个体性解放的深化。随着自由意识的觉醒与自信心的增强，女性将逐步挣脱"他者"与"边缘"

的性别标签，迈向全面而彻底的解放。人类解放是将整个人类范畴作为一个"类"进行解放，强调在这一共同体中，性别差异不再是划分或限制因素，而是基于共同境遇与体验构筑起的共同生命理想与奋斗目标。这样的目标使性别从对立转为同一，性别对立在同一性中得到了消解，性别差异也不再是性别歧视的基点，反而是性别自由平等的基石。综上所述，马克思的人类解放思想不仅为女性解放提供了坚实的理论基础与行动指南，更是对抗物化社会、恢复女性作为自由主体之解放状态的有力武器。它标志着两性共同追求的生命理想的最高境界，即人类解放与女性解放的同步实现，人类共同迈向一个性别和谐、自由平等的理想社会。人类解放的实现就是女性解放的实现。

一　人的解放

马克思曾经谈到人类社会会经历一个"以物为依赖"的阶段，这反映了商品生产和交换的普遍化对社会结构和个体关系的深远影响。卢卡奇进一步细化了这一分析，提出了资本主义社会中"物象化"（或译为"物化"）的普遍性，指出不仅是商品交换，整个社会生活都笼罩在物象化的阴影之下，人的关系被物的关系所掩盖。马克思的劳动异化理论揭示了商品交换关系中人的本质被扭曲的现象，而卢卡奇所指的"物象化"则拓展了这一批判，指出这种现象已渗透到社会生活的每一个角落。马克思的人类解放思想为消除这种异化和物化提供了深刻的方法论和理论基础，其核心在于揭示并恢复人的本质，即人的自由、创造性和社会性，同时扬弃那些阻碍人全面发展的外界因素。具体而言，马克思认为人的异化主要体现在三个方面：一是"类本质"的遮蔽，即人作为社会存在物的本质特性被物欲和利益关系所掩盖；二是独立个体性的片面发展，人在社会关系中往往只能片面地展现自己，无法实现全面而自由的发展；三是自由意志的丧失，主体性的减弱导致人无法真正按照自己的自由意志行事。

马克思的人类解放思想旨在通过批判和扬弃这些异化现象，使人的主体性得到复归，人的本质得以实现。这意味着人的个体性将得到全面的发展，人们将建立起全面而真实的社会交往关系，活动将变得自由自为，自由意识也将得到真正的解放。在女性解放的问题上，马克思的人类解放思想同样具有指导意义。女性解放的目标不应仅仅局限于女性自身的单向度解放，而应上升到性别的相互解放，从追求两性平等进一步迈向人类解放的更高境界。这要求女性解放的目标从女性单向度的解放扩展到性别的相互解放，从追求两性平等提升到追求人类解放，女性不仅要争取与男性平等的权利和地位，还要参与到整个社会的解放进程中去，与男性一道共同推动社会制度的变革和人的全面发展。

1. 人的自由意志的表达

"自由意志"是哲学范畴中的一个概念，即意识选择做什么决定，也就是意志的主动性。在西方的哲学史中，存在两种理论上完全相反的对自由的理解。康德确立了先验自由，即自由是一种绝对的自发性，不依赖任何经验，但是会对经验产生作用。康德所阐述的自由是纯粹理性的表达，是道德的终极依据。马克思则从唯物主义角度来看待自由。马克思主义认为，自由王国建立在人类生产的物质王国的必然基础之上。而黑格尔的自由观念则是先验与经验的统一，自由与意志的关系是"自由是意志的根本规定，正如重量是物体的根本规定一样"，"自由只有作为意志，作为主体才是现实的"①。在黑格尔看来，自由即意志。以下对康德、黑格尔及马克思的自由观进行分析梳理，通过对比，我们可以看到马克思的自由观对以往观念的批判和超越。

康德在《纯粹理性批判》中的第三个二律背反中，通过现象与物自体的区分确立了先验自由的可能性，并且指出先验自由根源于纯粹理性。康德将世界分为感性世界和理性世界，以此作为证明先验自由的理论前提。通过将世界进行二重划分，人也理应具有相对的两种自由状态：人"必须

---

① 〔法〕黑格尔：《法哲学原理》，张企泰、范扬译，商务印书馆，1961，第11~12页。

遵循自然法则，因而是不自由的"；从物自体来看，人"并不服从自然法则，因而是自由的，在这里不会发生矛盾"①。通过对世界以及人的二重划分，康德将人的认识能力分为感性、知性、理性三个从低到高的层次。从物自体的角度出发，人在现象界中受到的外界刺激形成了最初的感受，而知性则对最初形成的感性进行排序分类，形成了自然科学知识；虽然自然科学知识较高一级，但是仍然没有统一，所以需要理性调节以最终走向统一。康德在为知识奠基的同时论证了自由的可能性，他将知识限定在了经验领域，从而为自由留下可创造空间，"我不得不悬搁知识，以便给信仰腾出位置"②。康德将世界二重划分，相对应地，人作为世界的主体也具有两种品格：一种是经验性的品格，它使主体按照自然因果规律处于现象序列之中，成为现象中的一环，也可以把这种品格称为现象的品格；另一种是理知的品格，凭借这种品格，主体虽然是那些作为现象的行动原因，但这种品格本身并不从属于任何感性的条件，并且本身不是现象③。那么，相对应于世界的二重性来说，经验性的品格属于感性世界的一部分，即自然状态，而理知品格由于其不受任何束缚，具有"任意性"，所以其对应了自由状态。那么这两种品格同属于一个主体中，其关系并非完全对立。经验性的品格是理知品格的感性基础，而理知品格则是先验性品格的先验原因。通过这种关系的推导可以得出，就一个人的某一个行为来讲，当把其作为现象来看待的时候，他的行为是由经验性品格决定的，而经验性品格又是由理知品格决定的，所以人的行为是由人本身自由决定的。康德认为人作为有理性的存在者自身就具有绝对价值，他不是一切意志所使用的工具，他本身作为目的自在地存在着，是其他目的不能代替的。通过论证先验自由的可能性、实践自由的实在性、审美自由的感性化和政治自由的经验化，康德的自由观由先验性变得经验化。当自由作为一个概念的时候，具有空洞性，所以只有在审美自由的感性自由表达、政治领域的法权表达等中才

---

① 〔德〕康德：《纯粹理性批判》，邓晓芒译，人民出版社，2004，第 21 页。
② 〔德〕康德：《纯粹理性批判》，邓晓芒译，人民出版社，2004，第 22 页。
③ 参见〔德〕康德《纯粹理性批判》，邓晓芒译，人民出版社，2004，第 437 页。

具有现实意义。

在黑格尔看来，自由是理性自觉的活动力量，是认识、是意志的实践活动。黑格尔认为："自由首先就在于主体对和它自己对立的东西不是外来的，不觉得它是意志界限和局限，而是就在那对立的东西里发现它自己。"①也就是说，自由是把主观意识客观化了的实践活动，并且将主体与客体具体地进行了历史统一。黑格尔的理性自由观中包含着"绝对自由"和"任性自由"两个方面。绝对自由强调每一个人的绝对平等，忽略了个体差异和特殊性问题，因此这种自由具有抽象的普遍性，但同时也是实现自由意志的前提，因为人的自由具有普遍性的本质。任性自由相对于绝对自由具有普世性的特点，即最常见的自由观念，它代表了有区分、有规定、特殊性的自由观念，更适用于市民社会的政治经济法则。但是任性自由引发了利益冲突以及自由的边界冲突，所以黑格尔认为绝对自由与任性自由的结合才是自由的理想状态，即先验与经验的统一。黑格尔将绝对自由和任性自由的结合称为具体自由，而具体自由既吸收了绝对自由的普遍性本质——人生而自由，又扬弃了任性自由的形式普遍性。黑格尔认为国家是具体自由实践的载体，而这个国家并不是现实的国家，而是一个理想中的国家，或者说是市民社会理想运行的体系，是一种古代城邦和现代自由主义社会经济的一个理想整合，所以注定黑格尔的这个设想具有理想性。黑格尔希望通过国家将具体自由现实化，这显然与马克思的国家是阶级统治的工具的思想严重冲突，所以遭到了马克思的批判。黑格尔的自由观念对康德的先验性自由观有着本质上的超越，但是他的具体自由过于理想化，而推演出来的理性国家也具有理想化的色彩，所以注定他的自由观并不能适用于如今的市民社会当中。

马克思的自由观并不是一蹴而就的，而是经历了一个变化发展的过程。马克思在其《博士论文》中表达了对自由的最初见解，他认为："抽象的个

---

① 〔德〕黑格尔：《美学》第 1 卷，朱光潜译，商务印书馆，1996，第 124 页。

别性是脱离定在的自由，而不是在定在中的自由。"① 当时，他认为人的自
由具有最高的神性。成为一名大学教师是马克思攻读博士学位的初衷，但
是当他的好朋友兼教师布鲁诺·鲍威尔因为普鲁士的反动政策被驱逐出校
园的时候，他认为校园中的学术自由已经荡然无存，所以他转向了言论自
由的《莱茵报》，成为一名撰稿人和主编。在《博士论文》期间，马克思的
自由观念深受黑格尔意识自由的影响，但是在步入社会之后，他开始思考
如何通过现实社会中的实践来理解自由。《莱茵报》时期，马克思面对许多
现实问题，而以往的学习经验和知识积累并不能解决这些问题，所以马克
思开始思考如何冲破旧的思想观念牢笼、走出黑格尔的绝对导向，开始思
考如何通过历史和现实经验编撰出唯物主义途径，因此，马克思的自由观
念导向从信奉黑格尔转向批判黑格尔。《莱茵报》时期，马克思面临的最大
的问题就是书报检查制度与新闻出版自由之间的矛盾，马克思直言："没有
新闻出版自由，其他一切自由都会成为泡影。自由的每一种形式都制约着
另一种形式，正像身体的这一部分制约着另一部分一样。"② 而在《关于林
木盗窃法的辩论》中，马克思认为违背立法精神的法律会侵犯人的自由，
他猛烈地抨击了社会的法律制度，坚决地捍卫穷苦人民的自由权利和利益。
马克思从社会观察和历史经验的角度批判了黑格尔的理性国家观和自由观
念，进而形成了其独特的自由观念。而马克思对法律的批判和对出版自由
的批判，实际上就是一种政治自由的诉求。在《论犹太人问题》的文章中，
马克思回应了政治解放与人的解放的关系，他批判了鲍威尔对政治解放与
人的解放关系的混淆。他认为，政治解放是人的解放的一个前提或者是一
个部分，政治解放下的人并不是类存在物，而只有人的解放才能使个人成
为具有社会性的类存在物。受到赫斯的《论货币的本质》和恩格斯的《国
民经济学批判大纲》的影响，马克思决心研究政治经济学。其政治经济学
著作《手稿》中关于异化劳动的阐述，表达了其新的自由观念。异化劳动

---

① 《马克思恩格斯全集》第 40 卷，人民出版社，1982，第 228 页。
② 《马克思恩格斯全集》第 1 卷，人民出版社，1995，第 201 页。

关系和行为使人丧失了主体性地位，在异化关系中，劳动的自由也丧失了，"自由的有意识"的类活动作为人的本质状态被异化了，异化劳动将人的自由劳动降低为维持个体生命的手段。因此，实现自由就必须扬弃异化劳动，使人的类活动不再受到异己力量的支配，复归到自由的有意识的类活动。异化劳动是资本主义社会的产物，异化劳动的产生和扬弃异化的行为具有相似性和不可避免性，所以异化是人类历史中的一个必经阶段，而这个阶段正是在为共产主义社会做准备。在《手稿》中，马克思探讨了人类自由和共产主义运动的关系，认为人类自由的实现和表达只有通过共产主义运动才能实现。马克思将人类的自由立足于现实的生产劳动、立足于共产主义运动对异化的扬弃，而这样的结果就是在人类解放状态下，人们能够拥有自由意志实现的环境和条件。

马克思的人的自由理想状态在广度上就是实现政治自由、经济自由、劳动自由以及人的个性获得充分发展的权利，即人的全面发展自由等。在深度上，马克思强调自由应当是每一个人的自由，并且是"现实的个人"，而"现实"也彰显了马克思的历史唯物主义精神。一个现实的个人就是一个自由的主体，自由并不是脱离历史的、具体性个人的纯粹想象，也不是一个哲学概念，而是一个自由的主体通过自我有目的的实践活动所创造的自由以及不断实现自由的过程。马克思以实践自由的程度作为解放人类的价值尺度。

2. 人的独立性的实现

马克思曾在《1857—1858 年经济学手稿》中把人类历史进程总结为三个发展阶段：自然形成的"人的依赖关系"阶段；"以物的依赖性为基础的独立性"阶段；建立在个人全面发展和他们共同的社会生产能力成为他们的社会财富这一基础上的"人的自由全面发展"阶段。在第一阶段即"人的依赖关系"阶段，虽然人类明显地区别于动物，但是由于生产力水平极其低下，人们仍然无法摆脱对自然、对人的依赖，所以人们不能离开群体而独立存在，只能依靠群体力量，人们的主体性缔结在群体中。例如，原始部落、封建阶级等不同的群体都无法实现脱离群体而独居，他们以血缘、阶级关系、自然关系等为纽带使人与人之间相互依赖。这种以群体为本位的"人的依赖关系"阶段，只能把它看作人类从自然存在刚刚走向类存在的过渡性质的原始状态，绝不能把它看作是业已完成的类形态，更不要看成类形态的标准模式。因为，在"人的依赖"阶段的人类历史发展中，一方面，人的个体性并没有得到确立，独立性也没有实现，仅仅是个人的力量凝聚成类的力量，使类能力得到了群体性的发挥。另一方面，群体中类能力的凸显又限制，甚至束缚了个人创造性能力的发挥与发展，这也是群体与个体之间的矛盾。这种矛盾在原始社会时期并不凸显，但是随着生产力的发展，个体性得到发挥，而群体的社会制度严重地限制了个体性的发展，人类要求个体性的发挥和独立性确立的呼声越来越强烈，而这样的目标必然需要通过社会形态变革来实现，所以群体形式必然走向衰落。

"以物的依赖性为基础的独立性"是人类社会发展的第二个阶段。在这个阶段中，人与人之间的交往本质通过物物交换来呈现。在这种社会关系中，个人脱离了以往以血缘、阶级关系等连接起来的狭隘的共同体关系，取而代之的是更为广阔的世界性的社会联系。生产力的发展不仅使人摆脱了完全受制于大自然的"自然依赖"，而且使人真正摆脱了完全受制于社会限制的"人身依附"，从而为发展人的独立个性提供了一定的社会基础。人通过劳动创造确立了人的社会主体性地位，通过劳动创造改变了自己依赖自然的情况，实现了独立于自然存在。而在商品经济社会中，物物交换的出现又使人的需求多样化。按照需求目的，人们进行不同种类的生产创造，这又为人类的个性发展提供了可能性。在市场经济条件下，物物交换的主体即人，拥有自由、平等的特质，交换双方的主体相互独立、不依附，这为人类的个性独立和按个人自由意志行事提供了可能性。但是，在"以物为依赖"的前提下，人实现的独立性是依靠"物"的，离开了对"物"的依赖基础，"独立性"这个定义也将不复存在。马克思在《手稿》中揭示了资本主义制度下，异化劳动的出现使人被自我生产的商品所束缚，人同自己生产的商品、同劳动关系以及同人本身出现了异化的关系。人在这种异化的关系中失去了自我的主体性地位，以及独立性的确立。例如，工人与资本家的严重的阶级对立使人的社会交往关系变得狭窄，工人在资本剥削下进行的生产劳动并不是能动性的劳动，个体性更是受到了限制与束缚，工人严重依附于资本家的微薄工资以维持生命个体的延续。"人的依赖"社会形态是自然形成的，但是"物的依赖"取代"人的依赖"是社会发展所形成的，所以马克思认为在"物的依赖"中形成的个体本位确立并不是完整和彻底的，而是在为第三阶段的发展创造条件。

"人的自由全面发展"是人类历史发展的第三阶段，同时也是人类解放的最高境界与归宿。在这一阶段中，人的独立性得到了真正的实现。"自由全面发展"在马克思的著作中是相对于异化而言的，其对立的概念就是"异化"：人不能获得自由全面发展，就是异化；消除异化，人才能真正获得自由全面发展。[①] 在"物的依赖"社会中，人被异化，从而失去人的主体性地位，人的劳动是出于生存的逼迫和社会关系的强制，人并不占有自我生产的劳动产品，反而被劳动产品本身以及占有劳动成果的资本家所统治和压榨，人失去了自由；异化社会生活内容也包含了人的能力得不到发挥，固定的工作思维和工作内容使人的身体和能力变得畸形，物物交换掩盖了人与人交往的本质，这也使人的社会关系呈现片面性的发展，人失去了全面发展的机会。人类既失去了"自由"，同时也失去了"全面"发展的机会，而"人的自由全面发展"就是对扬弃异化社会内容的人的生存状态的憧憬和描绘，所以"自由"和"全面"的具体论述就是在讨论人的生存状况。人的自由发展和人的全面发展的关系是相互区别且辩证统一的，自由发展标志着人的超越性以及人所获得解放的深度，而全面发展涉及的是人的丰富性以及人获得解放的广度。人类的解放是类特性、个性的解放，同时也是能力、知识的整合与开发的协调性、充分性和广泛性的体现，只有

[①] 王金福：《对马克思关于实现人的自由全面发展理论的再思考》，《南京政治学院学报》2010 年第 5 期。

在广度和深度都达到极致的解放，才是人类真正的解放。

人的独立性离不开个性的发展，而个性的发展需要自由的空间，人只有在自由的生存状态下才能实现个性的全面发展。个体性的发展和主体性的复归需要人通过实践达到，而实践方式和内容则是人类解放的重要环节。马克思认为只有共产主义历史实践方式才能使人得到自由全面的发展，使人性得到复归，使人的独立性得到彻底实现，所以马克思强调："整个革命运动必然在私有财产的运动中，即在经济的运动中，为自己既找到经验的基础，也找到理论的基础。"①　综上所述，理解人的自由全面发展的合理途径和条件必然就在于：从现实实践出发，即从资本主义私有制的运动出发，从异化了的人的感性物质运动表现出发，在私有制下的生产和消费中来理解人的自由全面发展，也就是以现实实践的人和人的现实实践的双重角度来理解人的自由全面发展。②　人是人类社会生存和发展的主体，人类社会的进步都是由人的创造而来的，资本主义社会较前资本主义社会的进步和本质弊端都从人的生存和发展状态上显现出来，所以要从历史和现实中出发来思考人类社会未来的发展趋势和状态。

马克思曾在《共产党宣言》中对共产主义社会进行了描述："在共产主义社会里，任何人都没有特殊的活动范围，而是都可以在任何部门内发展，社会调节着整个生产，因而使我有可能随自己的兴趣今天干这事，明天干那事，上午打猎，下午捕鱼，傍晚从事畜牧，晚饭后从事批判，这样就不会使我老是一个猎人、渔夫、牧人或批判者。"③　在共产主义社会中，每个人的个体性得到了充分的发挥，人们通过爱好和学习可以选择不同种类的职业，不再束缚于单一方面的社会关系中，所以人的独立性获得了最终的确立，人实现了全面性的发展。人类的生存与发展不再依附任何阶级，人类的能动性创造不再受到外界的束缚，人类的精神和物质身体均得到了解放。所以，人类解放是实现人从"依附"走向"独立"的最终指向。

---

① 《马克思恩格斯文集》第 1 卷，人民出版社，2009，第 186 页。
② 刘同舫：《马克思的哲学主题》，人民出版社，2017，第 113 页。
③ 《马克思恩格斯文集》第 1 卷，人民出版社，2009，第 537 页。

3. "类本质"的复归

马克思的类本质概念区别于旧唯物主义关于人的类本质概念的设定。旧唯物主义将人的类本质设定为先在的、不变的、超验的一种属性，而马克思将人的类本质概念具体化为实践的维度。马克思在《手稿》中首次对人的类本质概念进行了简单的阐述，他通过人的生命活动对象性这样一个角度阐述："生产生活就是类生活。这是产生生命的生活。一个种的整体特性、种的类特性就在于生命活动的性质，而自由的有意识的活动恰恰就是人的类特性。"① 马克思强调，人类的劳动生活以及劳动手段仅仅是人类维持肉体生存的一种手段，人把这种生命活动同自我相区分开，使劳动成为一种异己的对象性劳动，这样人也同自然界相区分开。同时，马克思还基于动物的生命活动区别于人的生命活动这一事实——动物的生命活动与动物本身是一体的，而人却能使自己的生命活动本身变成自己意志的和自己意识的对象——提出了人是类存在物的观点。马克思在《关于费尔巴哈的提纲》中对人的类本质概念进行了系统的阐述，并且将人的本质界定在了"现实性上"。总之，在马克思那里，人的类本质是与"现实"密切相关的，人本质上就是一种社会的、历史的存在物。所以，人的类本质需要通过改造对象世界的过程才能显现出来。而异化劳动使人的自由自觉的活动降低为谋生的手段，人在劳动的过程中，并没有实现改造世界，也没有实现通过异化的劳动改善自己的生存环境，反而使自我的主体地位丧失在这种对象性的劳动当中。在异化社会中，人的类本质也逃离不了被异化的宿命。"无论是自然界，还是人的精神的类能力，都变成了对人来说是异己的本质，变成了维持他个人生存的手段。异化劳动使人自己的身体同人相异化，同样也使在人之外的自然界同人相异化，使他的精神本质、他的人的本质同人相异化。"② 人的类本质异化不仅是说人与人之间相异化，也是在说人同人的本质相异化。

———————

① 《马克思恩格斯选集》第 1 卷，人民出版社，2012，第 56 页。
② 《马克思恩格斯选集》第 1 卷，人民出版社，2012，第 57~58 页。

马克思的人类解放思想理论经历了构建、形成，最后到达了一个成熟的阶段。这样一个漫长的形成过程恰恰说明了马克思关于人类解放思想的严谨性和科学性。《论犹太人问题》和《〈黑格尔法哲学批判〉导言》的诞生标志着马克思的人类解放思想的确立。通过政治批判，从理性世界回归到人的世界，马克思确立了人类解放理论的起点。马克思通过对宗教的批判、政治的批判，认为人类解放应当通过宗教的解放、政治的解放最后实现人的解放，同时这也是马克思人类解放思想类型的最初划分。人类实现政治解放之后的必然逻辑就是人类的解放。

马克思的人类解放思想的严谨之处还在于，他在人类解放思想确立后继续对其进行论证。在其著作《手稿》中，通过揭示私有制条件下劳动异化的必然性，他揭示了资本主义社会中劳苦大众的生存状况，提出了人类解放的可能性和必要性的依据，其中就包括对人的本质解放可能性进行了理论分析。在私有制下，异化劳动把类生活变成了维持个体生命的手段，人类的创造性、独立性被掩盖，人被生产机器所操控，生活内容变为了最低等的生存。虽然人类科技文明在进步，可是人类的思想文明在倒退。人的感觉是建立在每一个人自身物质的、肉体的感官基础之上的，或者是建立在他人的物质的、肉体的感官基础之上的本质，并且个人的感觉与社会的感觉应当是统一的。马克思通过分析劳动异化关系下的异化表现，发现人的类本质也在异化范畴之中。人的自由自觉的活动是人的类本质，劳动所得的产品即对象化的类本质，由于异化劳动使劳动和产品都成为人的异己本质，所以人的自由自觉劳动被异化，人的类本质也被异化。

马克思的人类解放思想理论的形成和成熟体现在《德意志意识形态》及《共产党宣言》中。马克思和恩格斯的著作《德意志意识形态》以历史唯物主义否定了历史唯心主义的人类解放理论根基，阐述了实现人类解放必然涉及的生产力和生产关系、经济基础和上层建筑之间的矛盾以及发展规律。"社会结构和国家总是从一定的个人的生活过程中产生的。但是，这里所说的个人不是他们自己或别人想象中的那种个人，而是现实中的个人，也就是说，这些个人是从事活动的，进行物质生产的，因而是在一定的物质的、不受他们任意支配的界限、前提和条件下活动着的。"① 人是现实生活中的人，而不是设定的以及想象中的人，这也是马克思人本思想的体现。《共产党宣言》的诞生标志着人类解放理论的成熟。在《共产党宣言》中，马克思通过分析社会形态的嬗变以及人类解放的进程，得出了共产主义社会的宗旨——人类解放。马克思通过描述前资本主义时代、资本主义时代人的生存、生活状态表明，只有共产主义社会才能将人从异化劳动中解放出来，达到人与自然、人与社会、人与自身全面和谐的发展，而这种每个人的自由全面发展即人类的解放。

人类的解放必然实现人的类本质的复归。马克思的类概念首先象征着将人与动物区别开来的类本质，马克思认为，不同于动物自然繁衍意义上的共同性，人的类本质在于对这一自然基础的变革和超越，它是通过人的"有意识的生命活动"实现的。正如马克思在《手稿》中所指出的："一个种的整体特性、种的类特性就在于生命活动的性质，而自由的有意识的活动恰恰就是人的类特性。"② 在前资本主义社会以及资本主义社会中，人的这种类特质被异化，使人的生命活动丧失自由自主性，而人的生产活动应当是人遵循其自由意志而进行的自主的、多样的和普遍的活动，而且能超越自然需要而发展出多样化的社会需要，并基于这些社会需要开展人的"真正的生产"。人的类本质就体现在人的"自由的有意识的活动"中，它通过人的活动历史地创造出来，并将随着人的活动的变化而发生历史的改变。人类解放恰恰为人类"自由的有意识的活动"提供了实现的条件。共产主义社会的目标是消除私有制，人类解放必然会扬弃社会生活中的异化内容，使人的主体性摆脱外部的束缚而得以确立，人会从以往的片面性社会交往关系回归到全面性社会交往关系当中，人的个体性得到自由的发展，这种个体性的发挥恰恰是人的类本质的表现。

---

① 《马克思恩格斯文集》第 1 卷，人民出版社，2009，第 524 页。
② 《马克思恩格斯选集》第 1 卷，人民出版社，2012，第 56 页。

马克思揭露了私有制社会中，异化劳动使人的本质和类本质被异化，人从自由的人变成失去自由的人。马克思的人类解放思想的目的就是使人类从"必然王国"向"自由王国"转变，使每一个社会中的个人实现自由全面的发展，实现人的主体性的复归以及人的"类本质"的复归。

二　女性解放

对象性或对象化是社会基本结构形式，而物化则是其具体表现，也可以说，物化是对象化的一个具体阶段或历史时期。卢卡奇认为物化是异化社会的一个更具体、更深刻、更高级别的异化表现，而物化作为现代社会中一个深刻的意识形态同样深深地渗透到了两性关系以及女性解放事业中。马克思的人类解放思想以及自由理论都围绕着扬弃社会生活的异化和物化内容，实现人的类本质、独立性以及自由意志等的全面复归。人类解放能够消除女性解放过程中的异化和物化问题，使女性从各个方面实现解放。女性解放的关键在于女性思想意识的解放，因为思想意识的解放是女性解放的前提，只有女性从思想的束缚中解放出来，女性才能认识到自己作为"类"是同男性平等的。性别身份尤其是社会角色，是思想构建出来的社会内容和社会秩序，所以全新的两性关系将在人类解放的过程中整合出来，以形成新的社会秩序。

1. 女性"思想意识"的解放

思想解放，就是摆脱错误的思维定式束缚后的认识升华和观念创新。"思想意识"的解放是任何解放的前提，女性解放也不例外。思想意识的改变会催生出变革的动力，并且思想意识的解放是女性解放的首要任务。但是，思想解放并不是漫无目的、毫无根据、异想天开的，相反，思想解放需要基于客观事实，需要立足当下的情况，对错误的思想观念进行革除，对腐朽的条框要进行破除。所以，女性思想意识的解放既要对腐朽的传统观念进行革除，又要从现代错误的女性解放思维中摆脱出来。

　　压迫女性的封建腐朽的思想观念来自两方面，一方面是世俗社会意识，另一方面是宗教思想。自封建社会以来，男性以及社会用"男尊女卑"的封建思想同化女性，并且将这种封建思想进行代际传递。启蒙运动的人权思想以及法国大革命的革命思潮对女性的思想意识觉醒起到了启蒙作用。女性从思想根本上拒绝"男尊女卑"的观念，拒绝女性天生弱于男性的定论，女性认为"人生而平等"，所以"天赋人权"中的"人"理应包含自己，而女性的"第二性"身份是男性为了巩固自我主体性地位而构建的。女性的自由意识同样来源于思想意识的自由，所以"自由意志"也是女性思想意识解放的内容之一。女性的思想意识一直以来都受到男权思想的禁锢，并不能自由地表达主体意愿，甚至女性的客体身份确立使女性丧失了主体表达的权利。在康德的自由观念中，"理性"与"经验"在男权社会中的女性并不拥有。在男权思维中，理性被认为是只有男性才能拥有的特质，而女性天生并不具备理性，这也是女性被认为天生弱于男性的原因。由于女性在不对等的两性关系中，逐渐地丧失了主体性地位，成为男性的客体，所以女性的经验、感觉并不被重视，这同时也是女性的自由意识不能实现解放的重要原因之一。马克思的自由观念有着深深的唯物主义色彩，他强调现实世界以及现实世界中的人，同时马克思主张通过对现实世界的不断批判来获得自由。女性思想意识的解放就是对现实世界以及对自身的经验、感觉进行否定和批判，而马克思强调的现实世界的经验和感觉正是女性一直被忽略的部分。所以，马克思的人类解放思想拥有多维度的解放，而思想意识的解放也是其中之一。

　　古代社会对女性思想意识的禁锢另一方面来源于宗教。蒙昧时期的人类对于自然的无知以及面对自然的脆弱性，使人类创造宗教以及宗教思想，人类将自己的未知命运和恐惧的心理寄托在了神灵上。随着人类的发展，宗教也成了人类的绝对信仰，再到后来成了统治阶级的工具，宗教具有功能性作用。随着男权时代的到来，男性成为宗教活动的主体，编撰、释义等工作都是由男性完成，所以宗教有着深深的男权色彩。《圣经》中很多章节都有对女性的贬低，而佛教教义中也有教导人类面对苦难要接受和隐忍等思想，这些不利于女性的宗教思想为女性的屈从地位披上了"神意"的外衣，利用人类对神明的敬畏从根源上消除了女性反抗的可能性。马克思看到了宗教的虚幻性使人们甘愿忍受当下的苦难，同时宗教也成了腐朽落后的统治阶级维护其统治的工具，所以马克思认为"对宗教的批判是其他一切批判的前提"①，而"废除作为人民的虚幻幸福的宗教，就是要求人民的现实幸福"②。马克思彻底地批判了德国的宗教，坚持无神论，就是为了实现人类思想的解放。马克思之所以强调对宗教批判是其他一切批判的前提，是因为只有"人的自我异化的神圣形象被揭穿以后，揭露具有非神圣形象的自我异化，就成了为历史服务的哲学的迫切任务"③。而对现实世界的不断批判就是在实践马克思主义自由观，就是在实现女性的彻底解放。

由于实践不是静止的、抽象的，而是历史的、发展的、不断变化的，所以，思想解放不可能一劳永逸。女性思想意识的解放是一个过程，而随着解放过程的推进，女性思想解放的目标也应当不断地调整。在女性解放过程中，女性由于异化问题使自身不断地陷入新的女性问题中，所以扬弃异化和物化思想成为现代女性面临的新的思想解放目标。女性的解放思维不能静止于历史当中，应当立足当下，放眼未来。历史事实证明，旧的女性解放目标具有单一性，并不能实现两性相互解放，最终也不能使女性得到彻底的解放，所以女性解放目标应当具有能动性的变化，即从两性平等过渡到人类解放。在女性面临的解放异化问题中，需要女性不仅实现自身的解放，同时也应当促进男性的解放，扬弃女性的异化问题，同时也需要关注并扬弃男性的异化问题，所以女性的思想意识解放程度应当加深，从女性单向度的解放扩大格局，实现两性的相互解放。女性应当解放思想，明确两性不对等关系不仅是对女性的压迫，同时也是对男性的异化。因此，女性想要获得彻底解放，不仅需要自身从男性的压迫中解放出来，同时也

---

① 《马克思恩格斯选集》第 1 卷，人民出版社，2012，第 1 页。
② 《马克思恩格斯选集》第 1 卷，人民出版社，2012，第 2 页。
③ 《马克思恩格斯选集》第 1 卷，人民出版社，2012，第 2 页。

需要将男性从异化关系中解放出来，复归真正的平等。马克思的人类解放思想恰恰通过提供了科学的理论和方法论来扬弃社会生活中的异化和物化内容，所以女性思想意识会在人类解放的前提下实现升华，而女性对现状的不断否定和批判本身也是女性思想不断解放的实践。另外，在女性解放过程中，也曾出现了思想偏激的"女尊男卑"论、"女权否定男权"等思想，这些错误的思想并不符合思想解放需要立足客观规律和客观事实的本质，不利于实现两性平等，反而会形成性别对立，阻碍女性解放的进程。所以，女性的思想解放是一个实践的、发展的、变化的过程，既要用历史的眼光看待问题，又要能动地思考问题，只有不断地进行否定和批判，才能使女性思想保持自由的状态，使自我不断地"澄明"。

2. 女性"性别身份"的解放

从 20 世纪 60 年代起，性别与身份研究领域展开了一场生理决定论（二元论）与社会建构论（多元论）的论争。经历这场争论，人们意识到男女之分应当只是性别的两个方面，而不应用性别对立的二元论来看待。人的生理性别是先天存在的，但是性别身份的形成是社会化过程中获得的，是人们进行社会活动的结果，是后天塑造出来的，所以性别与身份特征不是固定不变的，而是随社会文化环境的变化而变化。性别身份的形成具有文化建构的气质。语言建构、文学建构中将性别的社会身份加以定位、描述，以达到通过建立不同性别身份系统来区分两性的目的。其中滋生出的"男性气质"与"女性气质"就是人为构建的性别身份的产物。"男性气质"折射出来的是与其密切相关的政治经验、权利经验、力量、暴力、体育权威经验等，所以男性被认为是理性的、勇敢的、好动的、具有领导力量的。"男性气质"的文化构建来自社会，而男性在社会中占据主导地位，即男性是"男性气质"的文化构建者。"女性气质"的文化构建者并不同于男性，因为女性相对于男性来说，缺乏广泛的社交经验，职业选择也较为有限，在男权社会中，更加缺乏话语权，所以女性的文化构建是建立在男权社会中的，由男性构建的理想性别身份。"女性气质"被描述为温柔的、顺从的、忠贞的、感性的，而这些女性气质的特征完全符合男权社会中温柔贤惠的家庭主妇定位，也符合男权社会中对女性的禁锢束缚标准。

社会身份，尤其是性别身份，是社会建构的产物，而语言是社会化的工具，是建构社会身份的重要手段。语言对性别身份的建构可以在语音、词汇、句法等不同层面实现。例如，英国前首相撒切尔夫人在竞选首相期间，为了让自己拥有更多的领袖风范，也为了使英国民众从心理上接受女性担任首相的事实，她不仅对自己的公共形象进行了彻底改变，还不得不对自己的声音也进行改造。为了使政治演讲更加成功，她改变了源自林肯郡的家乡口音；同时，为了使自己的声音听上去如同男性一样具有权威感，她不得不改变自己作为女性特有的声音。为此，她接受了英国国立剧院系统的语音训练，不仅改掉了家乡口音，还使自己的声音充满了权威感。通过声音的改变，撒切尔夫人成功地塑造了自己在政坛上的"铁娘子"形象和第一位女性首相的身份。这个例子说明语言对一个人的社会身份的构建十分重要，但并不意味着女性的"女性气质"需要"男性化"才能证明女性的职业成功。

社会建构的性别身份是人类社会运动的结果，是不断变化发展的。"女性气质"作为男权社会的封建产物，必然会随着社会文明的进步而遭到淘汰。同时，传统的性别二元论也受到了多元主义的冲击，女性的"性别身份"需要全新的文化构建使其得到解放。女性的"第二性"性别身份概念是由法国著名的女性主义学者西蒙娜·德·波伏娃提出的，在其著作《第二性》中，她清晰地表达了"女人不是天生的，而是后天形成的"这一观点，她通过分析生物学、精神分析学、历史唯物主义等方面来证明"女性气质"的形成是男权社会造成的，并且男性通过构建女性"第二性"的性别身份来维持自己的男性权威。对于男性来说，女性的性别身份是他者的、边缘的、第二性的，这直接影响了女性的话语权、经验表达权利，使女性被排斥在文化边缘，从而失去了文化构建与表达自我经验的自主权利。因此，波伏娃认为女性的教育权利和经济权利十分重要。马克思的人类解放思想对人类的解放是多维度的，"思想意识""政治""经济""文化"等都在马克思的解放范畴当中。发展科技、普及教育是人类解放最基本的文化条件。文化的解放可以使女性自由地表达自我经验，建立女性文化体系，构建新的、自由的、平等地拥有独立人格的女性身份。女性要实现自我性别身份的认同，就需要对性别进行平等自由的文化构建，赋予女性自由的女性气质。女性的气质不应当由男性来构建，也不应当以男性为价值标准进行构建，女性应当实现自我个体性的全面发挥，这样将获得不同的体验和经验。由于每一个人拥有不同的特征，所以表达出的气质也不应相同，而女性群体作为"类"的经验也应当是以客观事实和规律为基础的自由平等的表达。

运用马克思主义理论分析可知，女性群体的解放正是处于男权统治的两性阶级关系之中。群体解放具有局限性，一方面，是由于只有在阶级社会中才有群体解放的问题；另一方面，要超越群体解放的历史局限性，就必须将群体解放与人类解放联系在一起。因此，女性解放的最高目标应当是实现自由人的联合体。女性应当走出自身狭隘的经验和性别身份观念，将自身的命运和地位同人类进行统一和联合，所以只有人类解放的宏伟目标才能使女性走出"第二性"的身份认同，实现男女平等的性别身份认同。

现代社会中，人们的性别身份逐渐被解放，并得以自由地表达。绝对的男性气质与女性气质概念与性别本身的关系受到质疑，并且人们对性别身份有了全新的概念和理解。抛弃以往传统的、刻板印象的性别气质，现代人更加追求自由地表达，并且就性别到底是二元论还是多元论进行争论。如果女性认同自我性别身份，那么她的行为可以表现得"男性化"。现代社会中"女汉子"等称谓的主体本质依然是在对女性的性别身份认同的基础之上进行的客观行为描述，而男性则完全拥有喜欢粉色的自由和权利，因为这些客观的事实并没有明确地规定专属哪个群体。但是，值得注意的是，自由的选择和表达行为并不是在否定客观事实以及忽视个体差异的基础上进行的，忽视差异的行为并不会使女性完全地实现性别解放，更不会实现平等。女性的"性别身份"得到解放的同时，也是将男性从异化的性别身份中解放出来。女性同男性拥有平等的性别身份认同感，同样拥有书写、构建属于自己的性别气质的权利。两性之间可以自由地表达性别气质，不以任何一方为标准、为参照，不仅实现群体的性别身份解放，更是实现了个体的性别身份解放。

3. 女性"社会角色"的解放

消除异化的女性解放，首先应当是思想意识的解放。在思想意识解放的状态下，人能自由地作出选择，从而使女性的性别身份从单一变得多元化，女性气质丰富化。精神意识的改变会直接反映到社会生活当中，女性思想意识的解放直接推动了女性的政治解放，政治解放使社会生活尽可能地向女性敞开，而女性的传统社会角色也必然发生了改变。

"男主外，女主内"既是性别分工后的写照，同时也对应了两性的社会区域划分。在传统的封建社会及近代社会早期，女性的社会活动区域完全是在家庭内部的，这样的现象出现是由多方面原因促成的，但是归根结底是男权思想将女性禁锢在了狭小的家庭天地当中，使女性不能充分发挥其才能。在传统的婚姻中，女性需要拥有料理家庭的行为能力和传宗接代的生理能力，男性则需要供养女性以及为她留下遗产，而女性的解放，尤其是经济的解放，动摇着传统的婚姻制度。部分女性的经济解放使其获得了经济上的独立，并不需要男性的供养，所以女性需要男性监护的婚姻模式受到了冲击，"男主外，女主内"的婚后性别分工模式也将成为历史。传统婚姻模式构建了女性的单一性社会角色——全职家庭主妇，而随着女性思想意识、政治、经济的解放，女性的"社会角色"也应当实现解放。

男性通过劳动以及对家庭和社会提供的劳动果实，使男性被看作生产者。男性是一个独立自主的个体，而女性则受制于生育与家务劳动，因此并不能获得同等的地位。但是，性别的不可分割性使男性同样离不开女性生存，而这种深度的联系也同样影响着社会意识形态。在某些原始民族中，单身男人往往因为不能保证生计而成为一种贱民；在农业共同体中，一个女性合作者往往是被需要的，男性需要稳定的性伴侣，男性希望有后代进行传承，等等。女性以往的社会角色基本上是由男性的需求而构建的，如一个妻子、一个母亲、一个勤俭持家的家庭主妇、一个勤劳的农妇等。这些女性展现的社会角色并非女性作为独立的主体自由塑造的，而是以不平等的两性关系为主导因素进行塑造的。随着自由、民主思想的不断推进，以及工业化时代的来临对世界的冲击，女性单一的社会角色有了改观，其中实质的改变就是女性从家庭走向社会。在资本主义社会的运作和劳动力短缺的作用下，"女工"这一新的社会角色出现了。而"女工"受欢迎的原因之一也是女性甘愿付出更多的劳动而拿到较少的工资。女性劳动者比男性劳动者受到了更加屈辱的剥削。在诺贝尔·特吕甘的记录中，法国女工每天挣不到 50 生丁，1831 年，丝织业的女工从凌晨三点工作到晚上十一点，"在阳光从来照不进去的、往往不卫生的车间里。这些少女中的一半在学徒期结束之前都得了肺病。当她们抱怨时，别人责备她们装腔作势"①。即使遭受剥削，仍然有大量的女性涌入手工业市场，除去生计手段的原因之外，另一个最主要的原因是传统的手工业，如针线活、家务劳动等终究会被工业化的到来所取代，女性必须在劳动力市场中找到自己安身立命之所，这也是女工在受到非人待遇的情况下，依然源源不断地涌入市场的根本原因。同时，教育权利和选举权利的获得也逐渐地改善了女性的就业环境。女性逐渐在教师、女秘书、售货员、银行职员等职业领域成为主要参与群体，但是一些重要的政府职能部门、专业技术较强的职业领域，女性依然无法踏足。随着男女平等法案的推进，女性的社会参与程度逐渐加深并且范围广泛，女性的社会角色变得丰富起来，女性可以是女学生、女博士、职场女性、商业精英、教授，甚至总统，当然女性仍然可以选择成为一位全职太太。女性社会角色的多元化与女性从事的社会职业密不可分，当今社会的女性成为同男性一样的家庭经济承担者。

---

① 转引自〔法〕西蒙·德·波伏娃《第二性》合卷 I，郑克鲁译，上海译文出版社，2011，第 167 页。

　　女性社会角色的多元化并不意味着女性在公共领域中获得了解放，因为通过对现代社会的现象观察，女性在角色转变的过程中并不是一帆风顺的，同时也滋生了许多新生的女性问题。女性进入社会生存遇到的最显著问题就是性别歧视问题，这也是男权思想的遗留问题。女性的就业歧视问题是全世界女性共同面临的问题，虽然国家在政策以及法律法规中不断地修订法案以保障女性的平等就业权益，但是根植于社会意识中的性别歧视依然阻挠着女性在社会职场中获得公平的对待。女性生育以及连续生育所造成的职业生涯中断是职场歧视女性的重要原因，虽然法律法规规避了显性的歧视现象，可是隐形的歧视并不可控。另外，面对就业的歧视和生存的压力，女性的职业选择范围并不宽泛，教师、护士、银行职员等传统的女性职业选择依然受到追捧，而这样的社会现象也会影响女学生的专业技术学习方向的选择，从而造成了一个恶性的循环。透过这样的现象，我们可以看出，女性并没有获得自由的本质，女性依然不是自由的，不能不受外界的影响而选择自己心之所向的专业和职业，女性的社会角色只是在一定的程度上获得了解放，或者说社会角色在一定的范围内向女性进行开放。

　　女性主义学者贝蒂·弗里丹的著作《第二阶段》中表明了女性主义解放并没有获得进一步的成功，仍然处于第二阶段当中，西蒙娜·德·波伏娃也说道："我们生活的时代，从女性主义的观点看来，仍然是一个过渡时期。"① 女性在社会公共领域中面临的不仅是就业歧视问题，还有生育歧视、物化女性、消费女性、女性贫困化等问题，一些是历史遗留问题，而一些是新生的女性问题，简单的两性平等目标并不能实现女性的社会角色解放。女性社会角色得不到解放的原因之一，也是由于女性受到传统女性角色的羁绊，女性既要继续履行全职的家务劳务，又要成为全日制的现代职业女性，女性受到家庭和职场的双重劳动压迫，这使女性既不能

_____

① 〔法〕西蒙娜·德·波伏娃：《第二性》合卷Ⅱ，郑克鲁译，上海译文出版社，2011，第199页。

完全顾及家庭，也无法在职场中自由地展现自我。人类解放不仅解放了女性，同时也解放了男性。男性作为家庭的核心成员，应当履行自己作为丈夫与父亲的家务职责。女性从家庭走向社会的同时，也需要男性从社会回归家庭。男性的父职和夫职需要重新构建，男性的家庭观念也需要重新建立。因此，在人类解放的状态下，男性会从男权思想包袱中解脱出来，重新审视两性平等观念，积极履行平等的权利和义务，为女性能够充分在社会中展现自我才能提供良好的条件保障。男女双方应共同承担家务劳动、经济负担，以及教育、照顾子女的日常生活，两性在平等和谐的家庭关系中建立平等基础，这会使女性在社会职场中获得公平的竞争机会，从而使两性均获得了社会角色的解放。

女性社会角色的解放需要女性自由意志的解放、需要女性独立性的实现、需要男性类本质的复归，而以上方面均属于人类解放的范畴当中，只有马克思的科学的人类解放思想才能带领人类走向思想意识的解放，实现主体性的复归，实现个人自由而全面的发展，而实现人类解放首先要扬弃社会生活中的异化和物化内容，女性社会角色解放的状态就是消除异化和物化下女性自由生存状态的一种表现。女性的社会角色是女性自我塑造、自由选择的结果，女性必然经历一个从单一的社会角色到多元社会角色的转变，而最终的社会角色解放的本质是女性自由选择的结果，这个结果以女性全面解放为基础，不依赖任何经验也不受到外界的束缚，更无刻板的思想意识作用，同样，这个自由解放的基础要将男性囊括到解放范畴当中，因为两性的同一性注定女性的解放同样需要男性的解放。

三 两性和谐

两性和谐的状态应是自然的两性关系存在状态。"两性平等"容易带来两性之间形式上的平等，马克思形容这种关系连接为冰冷的连接，所以，"两性和谐"应当成为新时代女性主义及其运动的最高目标。"两性和谐"

意味着性别之间消除了对立，复归统一，两性成为紧密连接的联合体。性别关系的和谐使两性相互认同、相互支撑、相互欣赏，这是在性别范畴内实现人的自由全面发展的基础，也是实现共同生命理想的前提。

　　人类具有类、群体和个体三种存在状态，相应地，人的解放也应该有类、群体和个体三种解放层次，而男、女作为类的存在状态进行解放，就是指整个人类的解放。人类的解放不仅摆脱了自然奴役，使人类实现能够生产和创造富足的物质材料，同时也会自觉支配自己的社会关系，使人进行全面性的社会交往。人类解放必然经历从"必然王国"向"自由王国"的转变。目前人类仍然在"必然王国"中生存，虽然人类的生存方式同动物相比有着质的区别，但是人的整个实践活动并非全面的、自由的、有意识的活动，甚至人类的实践活动存在着分散的、相互冲突的方面，以及生存斗争。当人类由"必然王国"向"自由王国"进行彻底转变的时候，"个体生存斗争停止了。于是，人在一定意义上才最终地脱离了动物界，从动物的生存条件进入真正人的生存条件"①。

　　1. 性别对立的消解

　　性别差异的消解并不是要磨平两性之间的差异，而是通过人类解放的思维方式，消解性别差异中的对立因素，从而达到一个和谐、自由且相互独立的两性关系。性别差异在女性主义历史中一直以来都是争论的中心，而近现代的女性主义者们都趋于认同性别差异是两性平等的基础。然而，这并没有缓解两性之间的对立关系，甚至对两性之间差异的深度讨论以及过度的关注使两性之间的对立关系更为紧张。虽然女性主义理论日渐理性化、成熟化，但在女性主义解放的现实中，却滋生出了更多的问题，导致理论与运动不同频的现象产生。因此，如何缓解性别对立的现象，消解性别差异中的对立因素，成为现代女性主义者们需要重新审视的问题。

　　人类自从进入文明社会以来（直到社会主义社会的高级阶段实现以前），就一直处于阶级分化与对立的阶级社会。不同形态的阶级社会都以经

---

① 《马克思恩格斯选集》第 3 卷，人民出版社，2012，第 671 页。

济利益分化为基础，以政治权力维持既得利益的阶级统治，由此所引发的
阶级斗争和社会革命是以一种阶级统治代替另一个统治阶级，其实质是以
一种片面性的社会关系代替另一种片面性的社会关系。同样，在两性不平
等的性别关系中，男性则以其在政治、经济上的优势吹捧自身的性别差异
并贬低女性的性别差异，在思想意识上禁锢女性，维持自己的主体性地位。
阶级分化和社会分裂集中表现为社会的"中心"与"边缘"状态的对立。
女性长期以来一直处于边缘状态，一些激进的女性主义者希望确立自己性
别差异的优势地位，以贬低男性自诩的性别差异，并希望通过建立起"女
权"以取代"男权"，成为性别中心者。但是，这实际上并没有改变异化的
性别关系下出现的片面性社会关系，仅仅是以"边缘"颠覆"中心"，即以
一种片面性社会关系代替另一种片面性的社会关系。

当代西方"社群主义"（communitarianism）各个不同流派几乎都强调平
等，他们认为各种不同的文化之间只存在差异，因而是平等的，需要相互
认同。① 差异作为人与人相互区分的依据，打破了形式上的普遍性平等，因
而每个人都在个体差异的基础上获得了实质性的平等。性别差异是两个性
别群体普遍性区分的依据，从个体层面来看，因为有差异，人与人之间的
交往才能避免模式化，从而达到自由而全面的交往，因此差异是平等的基
础，有了差异的区分才有人人平等的实现，性别差异理应如此。正如差异
的存在奠定了人人平等的事实基础，性别差异的存在同样是两性平等的基
石，差异本身并不具备优劣之分，而是阴谋论者将差异沦为自己剥削他人
的武器，导致阶级的出现和对立。性别差异有生理差异和社会差异两个方
面，生理差异属于自然现象，符合"人人生而平等"的基础论据，而社会
差异则是基于生理差异之上，人类通过实践构造出的差异。那么基于"人
人生而平等"的论据，社会差异理应平等。但是，随着阶级社会的出现，
私有财产的划分，人类将"人人生而平等"的事实抹杀，将人从出生起就

---

① 罗克全、刘鸿颉：《共产主义：平等与社会自我否定》，《吉林大学社会科学学报》2016 年
第 3 期。

编排成"三六九等"，有的人出生就是贱民，而有的人出生就是王公贵族，所以女性从出生开始就被灌输"男尊女卑"的思想，终身以男性为主，自我为客体。人类历史当中的社会形态更迭都是以一个阶级压迫另一个阶级而实现的，虽然"王公将相宁有种乎"的呼声道出了对人类阶级构建学说的抗议，但是这样的平等思想并没有带领人们实现解放，只是换了一个阶级的称呼而已。所以，女性的解放不应当是以女性差异去对抗男性差异，而是应当将不平等的异化因素扬弃，实现人类的解放。

两性差异的对立促使性别一元论学说转变为性别二元论学说，而近代的女性主义学者则借鉴了当代哲学思想，认为不应将性别进行二元对立，而是倡导一种多元化的性别差异思想，模糊性别概念，从而达到性别平等。但是，无论是一元论、二元论，还是多元论，都带有先验论的本质，所以只有消解"边缘"与"中心"的对立，消解社会中的"元价值"① 思想，使社会在不断的否定中自我澄明，才能实现人类的解放。消解"边缘"与"中心"对立的社会，就是"元价值"强制或标准选择强制被消解的社会，这样的社会将使人与人之间的交往实现自由，形成人与人之间的自由平等，这种自由且有意识的交往就是人的"类生活"本质的表现。另外，"元价值"的消解同时也是对人类社会中人与人之间的异化以及人与社会之间异化的消解。人与人之间的异化关系体现在固定的思维与模式化的交往模式中，而"元价值"思想的强制正是造成异化思想和异化关系的原因之一，所以对"边缘"与"中心"模式化的消解正是对"元价值"的解构。人与人之间的交往一旦摆脱"元价值"影响的束缚，就必然能扬弃异化关系的束缚，从而实现直接的、全面的交往。

---

① 价值是有层次之分的。那种处于终极地位、对其他具体的价值进行统摄的、更为根本性的价值，可以称为"元价值"。元价值是社会整合的必要条件。从西方历史来看，中世纪的宗教是传统社会元价值的主要来源，而启蒙话语则是现代社会元价值的主要来源。元价值的社会功能在于为社会提供方向和秩序，着眼于社会系统的整合与秩序的长期延续。可以说，传统社会的元价值是一种抑制性元价值（通过抑制个人自由而实现社会整合和秩序），而现代社会的元价值是一种调节性元价值（通过协调社会秩序与个人自由的关系而实现二者的最佳结合）。参见王宁《社会元价值的危机与超越——从目标性元价值到调节性元价值》，《人民论坛·学术前沿》2013 年第 13 期。

　　性别差异所显现出的对立性与不平等性，导致个别人或一部分人的实践活动并非全面、自由地有意识地进行，甚至引发了两性冲突以及生存斗争。例如，第二次世界大战之后，男性对市场中的职业女性进行非公平性的排挤，就是性别之间生存斗争的体现。消除性别之间的差异与对立因素，将有利于两性之间和谐关系的建立，从而使性别之间能机会均等地发展自己的才能。在人类社会发展的初期，受社会生产力水平的限制，往往需要牺牲多数个人，甚至一部分群体的公平机会，才能获得发展，因为社会无法提供满足每个人自由发展的时间和物质保障。因此，人类需要从"必然王国"向"自由王国"过渡。在"自由王国"中，每个人都有充裕的时间和物质基础作为个人实现自由发展的保障，而只有共产主义社会，才能实现人的全面发展。共产主义社会的前提是"社会财富极大丰富"，它使劳动摆脱了作为生存手段的角色，成为人类创造本性自我呈现的方式。正是人的创造性的实现，使共产主义社会永远处于社会自我批判、自我否定的过程之中。因此，共产主义社会就是平等社会的永恒存续。只有在两性作为类的解放的基础上，两性之间的性别差异才能得到消解，性别对立因素被涤除，女性获得解放的同时，男性也从异化的关系中解放出来，性别之间的交往不再受"元价值"因素的束缚，实现一种直接的、全面的交往关系。虽然，在现存的生活中，任何人和任何社会形态都会不断产生既定的或规模化的"元价值"，并且它也一定会成为人与人之间关系的中介，构成生活的强制，异化人与人的直接交往关系，但是只要人类社会保持不断的自我否定状态，就会消解任何"元价值"对人类社会产生的束缚和影响。

　　性别差异在性别解放的过程中被消解，性别不再对立，性别之间的生存斗争也将停止。在自由的、有意识的实践活动中，两性之间的对立关系被消解，使两性走向"自由人联合体"。

　　2. 人的自由全面发展的实现

　　迄今为止，人类社会的一切历史都是阶级斗争的历史，女性主义历史就是反抗男权社会的历史。阶级斗争并不会消灭对立关系，"它只是用新的阶级、新的压迫条件、新的斗争形式代替了旧的"①。在探讨女性解放的路径时，我们应避免采取暴力对抗的方式，同时，亦不可试图利用新兴的历史条件与思想观念对男性施加压迫，以此谋求女性自身的解放。首先，男性与女性虽各自拥有独特的生理、心理及社会角色等特殊性，但这些特殊性并不妨碍性别间存在的深刻同一性。激进地分割性别界限，非但不能促进性别和谐，反而可能加剧性别间的对立与异化，从而阻碍性别解放的进程。其次，两性作为人类性别的两个不可分割的组成部分，其关系是相互依存、相辅相成的。因此，女性的解放应当建立在相互解放的基础上。女性单向度的解放忽视了男性作为性别的另一部分的重要性和功能性，不将男性从异化的关系之下彻底解放出来，女性也无法实现性别自由。因此，女性的解放应当被置于更广阔的人类解放视野之中，消除阶级对立关系、消除性别对立因素、实现每个人自由全面的发展才是女性解放的最终目标。在异化劳动关系之下，人的类本质被异化，其劳动行为沦为维持个体生命的手段。然而，随着生产力的不断发展，原始的生产方式将被自动化所取代，男性在生产力上的优势也将不复存在。传统的以男性为主的生产领域逐渐地出现了女工的身影，性别和年龄的差异在工业化面前越来越小。但是，从另一个角度来看，如果全人类全部沦为生产工具，则会丧失人的类本质。因此，必须消灭私有制，消除社会生活中的异化内容，使人的本质得到复归，人才能实现解放。在马克思看来，只有共产主义社会才能使人得到解放。因为在资本主义社会中，统治阶级通过对私有财富的过度贪婪和占有，通过对被统治阶级的剥削来实现自己财富的不断扩大，而在过去的阶级社会中，都是少数人的斗争以及少数人的牟利运动，并且"过去一切阶级在争得统治之后，总是使整个社会服从于它们发财致富的条件，企图以此来巩固它们已经获得的生活地位"②。无产阶级也是如此。

---

① 《马克思恩格斯选集》第 1 卷，人民出版社，2012，第 401 页。
② 《马克思恩格斯选集》第 1 卷，人民出版社，2012，第 411 页。

所以，无产阶级不仅要推翻现有的社会体制，还要废除现存的占有方式，这样才能掌握社会的生产力，也是保持自由、平等的长久之法。因此，女性解放的目标不仅要推翻男权对自身的统治和压迫，同时还要对现存的异化思想和关系进行彻底革除，重新建立起平等的、自由的两性关系。同时，在资本主义社会中，工人的重复劳动只是对已有劳动的增殖手段，是一种过去支配现在的形式。资本具有独立性和个性，而生产资本的人却失去了独立性和个性。而在共产主义社会当中，已经积累起来的劳动只是扩大和丰富工人生活的一种手段。在共产主义社会中，人支配劳动，现在支配过去，人的独立性和个性不仅没有丧失，反而在劳动和创造中获得了发展。

性别分工的产生，顺应了人类社会发展的需要，并且大大提高了生产效率。然而，在阶级社会中，性别分工成为划分性别阶级的依据，成为男性增加私有财产的有力工具。尽管现代社会的工业化程度高度发达，几乎消除了性别以及年龄之间的差异，但两性作为类的范畴依然没有获得解放，仍然被异化劳动沦为生产的工具，并且仍然面临阶级性别分工带来的历史遗留问题。因此，消除性别分工，消除异化，实现两性自由而全面的发展，是性别解放的关键。马克思提出了人类社会存在的三大形态具有历史必然性，它们都是以一个社会形态的产生终结旧的社会形态而实现的历史更迭。异化是"对物的依赖性"社会这一社会发展阶段的产物，具有历史的必然性，它随着社会发展的变化而变化，因此异化同时也是社会发展本质的折射。马克思站在历史的高度上，肯定了资本主义私有制为人类社会带来的进步，认为人从"对人的依赖性"社会过渡到"对物的依赖性"社会，人从自然的控制下解放出来，获得了独立性的确立，并且资本主义制度的产生极大地丰富了人类社会的物质财富，使人的社交范围和世界之间的联系变得紧密。虽然资本主义社会中产生的异化劳动现象带来了一系列的负面影响，例如，人在异己的对象性关系中丧失自我的主体性地位，使人的类本质被异化等，但马克思强调，由于异化是不断发展的历史必然的产物，那么随着社会的发展，必然会导致异化的扬弃，经历异化与扬弃异化的发展过程。马克思提出："对私有财产的扬弃，是人的一切感觉和特性的彻底解放；但这种扬弃之所以是这种解放，正是因为这些感觉和特性无论在主体上还是在客体上都成为人的。"① 在共产主义社会中，共产党人的斗争目标就是消灭私有制。那么在消除私有的社会中，性别分工必然会扬弃沦为阶级占有的异化思想，使性别之间通过发挥个体性的特长，实现对劳动的丰富和占有，性别差异的对立性异化因素也将会被涤除，两性之间不再有性别差异之分，而是人与人之间的个体差异之分，社会成员通过彼此的相互联合，使实现对自己自由的占有成为可能。

马克思的人类解放思想，始终强调实现每一个人的解放，这也体现了马克思的以人为发展中心的观念。人的自由而全面的发展是马克思人类解放思想的最终理想描绘，而这样的目标需要通过社会的变革以及人类对异化的扬弃才能得以实现。但是，由于异化具有历史必然性，所以人类的自由全面发展的过程实际上就是人类经历异化、扬弃异化的过程。首先，异化的出现，就是人类不断发展的产物。人类通过对生产劳动的改造和创造，大大提高了生产力，形成了生产关系以及交换关系。商品经济社会的出现，使得人与人之间的直接交往通过物物交换来实现。在这一过程中，人类摆脱了对血亲、群居关系的严重依赖，逐渐地实现了自我主体地位的确立，同时也开拓了人与人之间更为广泛的交往关系，人的本质在不断地完善。其次，异化的扬弃是人类实现自由发展的手段。面对异化阻碍人类实现本质确立的负面影响，人类站在发展的角度认为一定要实现异化的扬弃，并且提出了异化扬弃的根本办法：消灭私有制。马克思看到了私有财产的出现导致了阶级的对立和纷争，所以马克思提出了共产主义社会的构想。共产主义者会革除一切占有方式，人与人之间以及人与物之间不再是占有关系，和谐平等的交往取代了阶级对立的交往，人在平等自由的社会关系中，主体性得到了复归，个体性得到了充分发展的条件，人终将实现自由而全

① 《马克思恩格斯文集》第 1 卷，人民出版社，2009，第 573 页。

面的发展。而随着阶级关系的革除，人与人之间必然形成庞大的自由人联合体。

女性解放的目标应立足于人类解放之上，两性之间应通过人类解放的途径，扬弃性别之间差异的对立因素，扬弃异化的两性交往关系，使性别的本质得以复归，实现人对自我的本质的占有，从而实现人的自由而全面发展的伟大理想。

3. 两性共同生命理想的实现

人类通过自由地、有意识地改造世界，证明自己是类存在物。而作为类群体，两性之间存在共同的类特性。费尔巴哈在后期著作中不再频繁而直接地使用"类"，而在所有同义词处用"Gemeinschaft"予以代替，意为团体、共同体。而马克思在《共产党宣言》中也反复强调，人类必然要实现自由的联合体。从其共性上来看，每个人都拥有个性发展的自由权利，而这也是两性平等的基石。马克思以及恩格斯认可分工的出现为生产力的提高所作出的贡献，并且分工的出现具有历史的必然性。但是，利用分工提高生产力效率以进行私有财产的积累和对他人的奴役、剥削的做法，是必须进行扬弃的。

资本主义私有制条件下，人的"自由个性"被"异己力量"束缚，导致在资本主义社会中，只有一小部分人实现了自由解放，而绝大多数人的"自由个性"被剥夺，这种现象深刻地体现在分工之中。马克思分析了分工中无产阶级失去自由个性的原因，"某一阶级的各个人所结成的、受他们的与另一阶级相对立的那种共同利益所制约的共同关系，总是这样一种共同体，这些个人只是作为一般化的个人隶属于这种共同体，只是由于他们还处在本阶级的生存条件下才隶属于这种共同体；他们不是作为个人而是作为阶级的成员处于这种共同关系中的"①。人的"自由个性"被异化在"阶级关系"之中，人的个性在固定化、模式化的分工中得不到发展。"男耕女织"的自然性别分工适应于原始社会和农业条件发展的初期阶段，但是这

---

① 《马克思恩格斯文集》第 1 卷，人民出版社，2009，第 573 页。

一性别分工模式由于思想观念等作用延续至今，已经严重不符合当下社会生产力的发展要求以及人的解放要求。真正的分工实现既能保证人的自由个性发展，同时仍然能够提高生产率以适应生产关系，这样人类必然会从资本主义社会中的"虚假的共同体"过渡到公有制基础上的"真正的共同体"。性别劳动分工所出现的问题就是劳动分工问题的缩影，性别分工将社会对男女分层次划分开来，这样男女之间的工作场所、工作内容、工作方式等都被界定，相应地，两性之间由于分工界限的产生，对彼此的领域都将难以融入，两性作为类的特性将被掩盖，作为个体的个性得不到充分的发挥，人在建立起来的广泛联系的世界中交往范围越来越狭窄。同时，传统的男女性别分工将两性阶级对立分化开来，使两性之间难以形成联合体，而联合体的形成是人类消灭阶级社会、实现人类解放的群众基础。因此，必须消灭性别间的传统劳动分工模式和分工思想，使社会范畴和社会资源全方位地向每一个个体开放，使人的"自由个性"得到全面的发展保障。每一个岗位都应该由最合适的人来担当，而不是仅由男性群体或女性群体中的优秀者来担当。自由的、有意识地改造社会将是两性之间的共同生命理想，通过自由的劳动创造实践人的类本质，两性之间消除对立，联合成为人类自由联合体，而真正的共同体是个体与共同体的"和解"。个体需要对共同体的良序发展负有使命感，同时将个体命运与共同体命运紧紧相连，而共同体应当充分保护每一个个体的利益，为每一个个体的自由发展提供保障。

马克思的人类自由联合体思想不仅仅适用于消灭资本主义私有制，同时对当代社会具有现实指导意义。马克思在其著作《共产党宣言》中反复提到"联合"一词，足以证明马克思对人类联合力量的重视。马克思在《共产党宣言》中强调，工人的最初大规模联合"还不是他们自己联合的结果，而是资产阶级联合的结果"①。因此，马克思认为此时的人类联合是"虚假的联合"，是资产阶级反抗无产阶级的武器。工人联合是基于无产阶

---

① 《马克思恩格斯文集》第2卷，人民出版社，2009，第39页。

级受到了资产阶级的压榨，"联合起来保卫自己的工资"①。马克思认为未来的人类联合体将从"虚假的联合"走向"真正的自由联合体"。马克思在《共产党宣言》中清晰地阐述了无产阶级联合的最终目标就在于消灭阶级对立与阶级统治，终结人类社会阶级斗争的历史，而处于联合体中的每一个个体都被赋予了自由发展的权利。

马克思的"人类自由联合体"思想是习近平总书记提出的"人类命运共同体"理念的理论源泉，而构建"人类命运共同体"是中国共产党人在新的时代背景下对马克思主义的创新性发展。"人类命运共同体"以利益共同体为基础，以安全共同体为保障，旨在实现世界各国平等协作、共享发展利益、共同应对世界危机。"人类命运共同体"理念与马克思的"人类自由联合体"思想同样蕴含着对人类深深的关怀，同时也是对共产主义理想的实践。马克思的思想作为历史的产物需要因时而进，但这并不影响其作为理论基石的深远影响力和对后世思想的启迪作用。现代社会的发展，如同一条蜿蜒曲折的河流，并非严格遵循预设的剧本前行，而是在不断适应与变革中探索前行。因此，现代社会和国家在马克思的思想理论基础上，升华出了适应现代社会发展的理论思想。尽管时代在变，但人类对于社会的关怀与追求美好生活的理想却是跨越时空、代代相传的。

共同的生命理想在人类联合体中得以体现。在自由人联合体中，人类共享公共资源，平等的基础资源保障了人类平等发展的基础。女性获得了教育资源、工作机会、财产继承权利等，男性也复归了父职、夫职等角色，人有机会获得与自身能力相匹配的职务。人类之间的性别界限、种族界限、国家界限等被人类社会的进步发展所打破，人类共同生活在地球之上，享受地球赋予的资源。人类最终将会以共同利益为基础，消灭阶级对立，通过联合体共同抵御危险，解决各种危机。在联合体的内部，每一个个体都怀有共同的生命理想：通过发展自己的个性，为改造世界增添一份力量；

---

① 《马克思恩格斯文集》第 2 卷，人民出版社，2009，第 40 页。

保护他人的自由，尊重他人的平等权益；维护世界和平。在两性平等的解放氛围中，两性之间的阶级差异被摒弃，性别差异被融入个体特性的多样性之中，个体的理想就是全人类的理想，个体的生命理想就是人类的生命理想，也是两性的生命理想。

结　论

通过对平等观的研究来分析女性主义发展进程，我们可以清晰地看到两性平等与人类平等、女性解放与人类解放之间不可分割的内在联系。这一视角不仅揭示了性别关系的本质，也为我们理解并推动社会进步提供了重要的理论支撑。马克思主义唯物史观的最终目标是人类解放，这一目标内在地包含了性别平等的实现。只有将两性平等纳入人类解放的进程中，才能真正地消解女性主义及其运动所带来的性别异化；只有将女性解放置于人类解放的进程中，才能真正地实现从"两性平等"到"两性和谐"的转变。马克思主义认为，社会生活的异化具有历史必然性，而两性平等关系以及女性解放也将不可避免地受到异化的影响。异化不仅成为两性关系不平等形成的深刻因素，同时也成为阻碍女性实现解放的重要原因。回顾女性解放的历史，我们可以看到女性主义运动在推动性别平等方面取得了显著成就，但这些成就往往具有局部性和片面性。异化的社会环境不仅塑造了不平等的两性关系，也限制了女性解放的深度和广度。女性主义者们往往聚焦于自身的生存境遇，而忽视了更广泛的社会结构和性别关系的复杂性。因此，对女性解放内容的持续批判和反思，是推动女性解放向更深层次发展的关键。扬弃女性主义及其运动的异化的过程，就是实现人类解放的过程。女性解放与人类解放有着本质上的一致性，必须将女性所面临的性别阶级压迫、异化的两性关系等置于人类解放目标之中，才能使性别对立复归到性别统一。

在异化的两性关系中，男性和女性都失去了自由活动的本质，成为被规范和模式化的存在。女性丧失自我主体性地位，成为性别"客体"，而男性则在思想意识及现实社会中的权利等方面均表现出异化特质。男性与女性作为类的存在，其行为的类属性均受到人为构建的"男性气质"与"女性气质"的影响，其自由活动因此变成规范性活动，其动机、过程和结果都被模式化。马克思主义认为，自由有意识的活动才是真正的类的实践方式，异化的"类本质"只有通过人类解放才能实现复归。只有通过扬弃被构建出的性别身份以及由此衍生出的规范性的性别活动，恢复两性之间自由有意识的劳动创造，才能实现真正的性别解放和人类解放。

综上所述，两性关系的历史与当代问题实质上反映了人类生存发展所遇到的问题。运用历史的眼光和唯物论的视角解决两性之间的问题，是我们推动社会进步、实现两性解放进而实现人类解放的重要途径。只有将女性解放置于人类解放的进程之中，将两性平等置于人类平等的原则之下，才能最终达成性别之间的和解，使两性走向和谐。

参考文献

一 著作

《马克思恩格斯选集》第1~4卷，人民出版社，2012。

〔德〕恩格斯：《家庭、私有制和国家的起源》，人民出版社，2018。

〔德〕马克思：《资本论》第1卷，人民出版社，1975。

〔德〕马克思：《1844年经济学哲学手稿》（单行本），人民出版社，2000。

〔德〕马克思、恩格斯：《共产党宣言》，人民出版社，1971。

〔德〕康德：《纯粹理性批判》，人民出版社，2004。

〔德〕黑格尔：《美学》第1卷，商务印书馆，1996。

〔德〕黑格尔：《自然哲学》，梁志学、薛华译，商务印书馆，1980。

〔德〕费尔巴哈：《费尔巴哈哲学著作选集》下卷，荣震华、李金山译，商务印书馆，1984。

〔芬〕韦斯特·马克《人类婚姻史》，李彬等译，商务印书馆，2002。

〔匈〕卢卡奇：《历史与阶级意识》，杜章智等译，商务印书馆，1996。

〔古〕柏拉图：《柏拉图全集》第1卷，王晓朝译，人民出版社，2002。

〔瑞〕巴霍芬：《母权论》（选译本），孜子译，生活·读书·新知三联书店，2018。

〔古〕亚里士多德：《政治学》，吴寿彭译，商务印书馆，1965。

〔英〕玛丽·沃斯通克拉夫特：《女权辩护》合订本，王蓁译，商务印书馆，1995。

〔法〕西蒙·德·波伏娃：《第二性》，郑克鲁译，上海译文出版社，2011。

〔英〕弗吉尼亚·伍尔夫：《一间自己的屋子》，王还译，生活·读书·新知三联书店，1989。

〔英〕约翰·密尔：《论自由》，许宝骙译，商务印书馆，2015。

〔法〕让·雅克·卢梭：《论人类不平等的起源和基础》，浙江文艺出版社，2015。

〔法〕皮埃尔·勒鲁：《论平等》，王允道译，商务印书馆，2012。

〔德〕尼采：《上帝之死》，刘崎译，哈尔滨出版社，2015。

〔美〕弗洛伊德：《精神分析引论》，高觉敷译，商务印书馆，2019。

〔美〕艾里希·弗洛姆：《爱的艺术》，刘福堂译，上海译文出版社，2018。

〔美〕艾里希·弗洛姆：《存在的艺术》，汪雁译，上海译文出版社，2018。

〔美〕艾里希·弗洛姆：《论不服从》，叶安宁译，上海译文出版社，2018。

〔美〕艾里希·弗洛姆：《逃避自由》，刘林海译，上海译文出版社，2018。

〔美〕艾里希·弗洛姆：《健全的社会》，孙恺祥译，上海译文出版社，2018。

〔美〕赫波特·马尔库塞：《单向度的人——发达工业社会意识形态研究》，刘继译，上海世纪出版集团，2008。

〔日〕福泽谕吉：《文明概略论》，北京编译社译，商务印书馆，2017。

〔德〕黑格尔：《小逻辑》，贺麟译，商务印书馆，2018。

〔奥〕席勒：《美育书简》，徐恒醇译，社会科学文献出版社，2016。

〔德〕汉娜·阿伦特：《极权主义的起源》，林骧华译，生活·读书·新知三联书店，2014。

〔美〕约翰·罗尔斯：《作为公平的正义——正义新论》，姚大志译，上海三联书店，2002。

〔德〕黑格尔：《黑格尔著作集 宗教哲学讲演录Ⅰ》第16卷，燕宏远、张国良译，人民出版社，2015。

〔美〕威尔·杜兰：《世界文明史》第5卷，幼狮文化公司译，东方出版社，1998。

〔美〕波德里亚：《消费社会》，刘成富、全志钢译，南京大学出版社，2000。

〔法〕洛克：《政府论》，瞿菊农、叶启芳译，商务印书馆，1982。

〔英〕戴维·麦克莱伦：《意识形态》，于兆政等译，吉林人民出版社，2005。

〔美〕伯特尔·奥尔曼：《马克思的异化理论》，王贵贤译，北京师范大学出版社，2018。

〔美〕贝蒂·弗里丹：《女性的奥秘》，程锡麟等译，北方文艺出版社，1999。

〔美〕贝尔·胡克斯：《女权主义理论：从边缘到中心》，晓征等译，江苏人民出版社，2001。

〔美〕索菲亚·孚卡：《后女权主义》，王丽译，文化艺术出版社，2003。

〔美〕苏珊·兰瑟：《虚构的权威：女性作家与叙述声音》，黄必康译，北京大学出版社，2002。

〔英〕约翰·斯图尔特·穆勒：《妇女的屈从地位》，汪溪译，商务印书馆，1995。

〔美〕卡罗尔·帕特曼：《性契约》，李朝晖译，社会科学文献出版社，2004。

〔加〕威尔·金里卡：《当代政治哲学》，刘莘译，上海三联书店，

2004。

〔澳〕薇尔·普鲁姆德：《女性主义与对自然的主宰》，马天杰、李丽丽译，重庆出版社，2007。

〔美〕凯特·米利特：《性的政治》，钟良明译，社会科学文献出版社，2001。

〔英〕玛格丽特·沃特斯：《女权主义简史》，史朱刚、麻晓蓉译，外语教学与研究出版社，2013。

〔英〕卡罗尔·吉利根：《不同的声音》，肖巍译，中央编译出版社，1999。

〔英〕伊莲·摩根：《女人的起源》，刘筠译，生活·读书·新知三联书店，2016。

〔日〕白冰纪子：《中国女性的 20 世纪——近现代父权制研究》，尹凤先、关豪译，吉林文史出版社，2019。

梁启超：《论学校六：女学（变法通议三之六）》，载《时务报》第二、三册，1897。

刘同舫：《马克思的哲学主题》，人民出版社，2017。

鲍晓兰：《西方女性主义研究评介》，生活·读书·新知三联书店，1997。

张京媛：《当代女性主义文学批评》，北京大学出版社，1992。

王赳：《激进的女权主义》，上海三联书店，2008。

陈越：《哲学与政治：阿尔都塞读本》，吉林人民出版社，2003。

李银河：《女性权利的崛起》，中国社会科学出版社，1997。

李小江：《平等与发展》，生活·读书·新知三联书店，1997。

何念：《20 世纪 60 年代美国激进女权主义研究》，知识产权出版社，2009。

肖巍：《女性主义关怀伦理学》，北京出版社，1999。

李银河：《两性关系》，华东师范大学出版社，2005。

唐士其：《西方政治思想史》，北京大学出版社，2002。

中华全国妇女联合会妇女运动历史研究室：《中国妇女运动历史资料（1921-1927）》，人民出版社，1986。

顾明远：《妇女教育》，吉林教育出版社，2000。

石红梅：《马克思主义妇女观和中国特色女权主义实践》，中国社会科学出版社，2017。

孙桂燕：《清末民初女权思想研究》，中国社会科学出版社，2013。

肖莉丹：《组织动员、精英运动与中国女权运动的演进逻辑研究》，暨南大学出版社，2016。

二 期刊论文

马晓燕：《对女性主义"平等"理念的考察与反思》，《妇女研究论丛》2007年第3期。

高景柱：《女性主义政治哲学视野中的性别正义》，《妇女研究论丛》2012年第1期。

马晓燕：《女性主义·正义伦理·社会和谐》，《思想战线》2008年第5期。

王小波：《关于社会性别理论若干基本理念的讨论》，《南方论丛》2011年第2期。

刘海江：《论马克思人的"类本质"概念》，《湖北社会科学》2007年第3期。

罗克全、刘泓颉：《共产主义：平等与社会自我否定》，《吉林大学社会科学学报》2016年第3期。

臧峰宇：《建构马克思政治哲学的问题意识》，《中国人民大学学报》2019年第5期。

刘福芳：《论人从"依赖性"向"独立性"的转变》，《青岛海洋大学学报》（社会科学版）1998年第4期。

穆艳杰、张士才：《论三种社会形态与三种实践观》，《内蒙古民族大学学报》（社会科学版）2003 年第 1 期。

薛吕：《康德道德哲学中道德律和自由意志研究》，《知与行》2019 年第 5 期。

刘卫红：《社会性别与身份认同的语言建构》，《江西社会科学》2014 年第 7 期。

张新平、刘栋：《论人类共同体的发展逻辑——对马克思"三大社会形态"理论的新探讨》，《科学社会主义》2019 年第 1 期。

吴宏政、刘静涵：《马克思论"真正的共同体"的所有制基础》，《吉林大学社会科学学报》2019 年第 2 期。

方昊：《人类命运共同体与自由人联合体的逻辑一致性》，《吉林大学社会科学学报》2019 年第 3 期。

王若水：《"异化"这个译名》，《学术界》（双月刊）2000 年第 3 期。

杨光强、赵海月：《卢卡奇物化理论对马克思异化思想的异域性发展》，《延边大学学报》（社会科学版）2017 年第 6 期。

何灵秀：《论〈生死场〉中女性的自我物化》，《湖北师范大学学报》（哲学社会科学版）2017 年第 1 期。

杨国荣：《论个体——个体，个人与自由个性》，《社会科学战线》2009 年第 1 期。

刘召峰：《马克思拜物教批判的三重指向与历史性自觉》，《马克思主义研究》2019 年第 4 期。

李雨燕、郭华：《消费主义："物的依赖性"社会形式中人的生存境遇》，《学术论坛》2012 年第 9 期。

钟志清：《新世纪女性主义圣经研究的新趋向》，《外国文学动态研究》2015 年第 1 期。

罗克全：《论马克思主义的社会正义原则》，《北京行政学院学报》2010 年第 3 期。

罗克全：《作为可能尺度的人的自由——马克思主义实践观的精神实质》，《社会科学战线》2010 年第 7 期。

罗克全、李庭：《论马克思主义辩证批判道德观的特质及其现代意义》，《社会科学战线》2018 年第 5 期。

李胡晓：《〈圣经〉语言中的反性别歧视浅析》，《文学教育》2017 年第 7 期。

吴杨义：《"我"是什么？——当代自然主义的个人本体论问题》，《自然辩证法研究》2012 年第 6 期。

苗兴伟：《后现代语境下性别身份的话语建构》，《南京师大学报》（社会科学版）2017 年第 5 期。

王建华：《权利抑或责任——革命情境下妇女解放的行动逻辑》，《江海学刊》2017 年第 4 期。

韩喜平、张霜：《共产主义的理想之光与现实之路》，《延边大学学报》（社会科学版）2020 年第 4 期。

汪行福：《〈大纲〉的"解放辩证法"——兼论〈资本论〉与〈大纲〉的思想差别》，《当代国外马克思主义评论》2017 年第 2 期。

唐爱军：《马克思论民主的两种视角》，《科学社会主义》2014 年第 6 期。

周桂芹：《从自由王国到自由社会的嬗变—马尔库塞"自由社会"思想论析》，《人民论坛》2014 年第 34 期。

张立波：《唯物史观的中国初貌：依据、内容和特征》，《江海学刊》2010 年第 4 期。

郭艳君：《"经典表述"的再阐释——重读马克思的〈政治经济学批判〉序言、导言》，《哲学研究》2005 年第 11 期。

三 外文著作

Rika Dunlap, *From Freedom to Equality: Rancière and the Aesthetic Experience of*

Equality, Continental Philosophy Review, 2015.

R. H. Jones, *Discourse Analysis,* London: Routledge, 2012.

Mariarosa Dalla Costa, *Selma James: Women and Subversion of the Community,* England: Falling Wall Press, 1972.

Kate Millett, *Sexual Politics,* New York: Garden City, Doubleday & Company, Inc, 1970.

Wardhaug R. , *An Introduction to Sociolinguis-tics. Foreign Language Teaching and Research,* Press & Blackwell Publishers Ltd, 2000.

图书在版编目（CIP）数据

两性平等与和谐：马克思主义视野下的女性主义研
究／李庭著 . -- 北京：社会科学文献出版社，2024.
9. -- ISBN 978-7-5228-4179-3

Ⅰ. D440

中国国家版本馆 CIP 数据核字第 2024F1T237 号

两性平等与和谐：马克思主义视野下的女性主义研究

著　　者／李　庭

出 版 人／冀祥德
责任编辑／吕霞云
文稿编辑／茹佳宁
责任印制／王京美

出　　版／社会科学文献出版社·马克思主义分社（010）59367126
　　　　　地址：北京市北三环中路甲 29 号院华龙大厦　邮编：100029
　　　　　网址：www.ssap.com.cn
发　　行／社会科学文献出版社（010）59367028
印　　装／三河市龙林印务有限公司

规　　格／开本：787mm×1092mm　1/16
　　　　　印张：11.5　字数：163 千字
版　　次／2024 年 9 月第 1 版　2024 年 9 月第 1 次印刷
书　　号／ISBN 978-7-5228-4179-3
定　　价／79.00 元

读者服务电话：4008918866
▲ 版权所有 翻印必究